neues 실전문제수록

프리마

독일어 1

★★★★★
연습문제
& 듣기

MP3 무료다운
www.donginrang.co.kr

동인랑

여러분의 외국어 학습에는 언제나 (주)동인랑이 성실한 동반자가 되어줄 것입니다.

머리말

독일어의 새로운 환경

오늘날의 사회는 지구촌이라는 말에 걸맞게 상이한 문화권의 상호이해를 전제로 한 외국어 능력을 갖춘 인재를 절실히 필요로 하고 있다. 국가간의 상호 교류는 언어 소통으로부터 시작되며, 상대국을 정확히 이해하는 국가가 더욱 더 유리한 위치에 서게 되는 것은 말할 것도 없다. 따라서 상호 이해와 신뢰를 위한 외국어 학습의 중요성은 그 어느 때보다 크다고 할 수 있다. 특히 독일어의 경우, 독일이 통일되고 동구권이 와해된 후 유럽에서의 비중이 그 어느 때보다 높아져서 그 수요가 예전에 비해 많이 증대되었다.

우리나라에서는 예전부터 독일어를 많이 가르치고 배워왔으나, 독일어를 처음 배우는 초심자를 위한 교재는 부족한 것이 현실이었다. 독일어 초심자들이 독일어 문법을 보다 체계적으로 학습하고, 기초적인 실력을 착실하게 쌓는데 도움을 주고자 이 책이 집필되었다.

독일어의 새로운 접근방식

이 책은 현재 독일에서 독일어를 처음 배우는 외국인들에게 적용하는 방식을 적극 활용하여, 중요한 독일어 문법을 중심으로 충분한 연습이 이루어질 수 있도록 배려했으며, 기존의 문법서에서 보이는 일상에서 거의 사용하지 않는 지나치게 세세한 문법은 가능한 한 배제하면서, 이 책을 통해서 학습한 학습자들이 독일에서 일상적인 대화를 수행하는데 아무런 문제가 없도록 많은 예시문과 대화를 수록하였다.

이 책이 독일어를 배우고자 하는 모든 학습자들에게 든든한 디딤돌이 되길 바라며, 이 책이 출판되기까지 물심양면으로 도와주신 많은 분들에게 고마운 마음을 전한다.

끝으로 새로 발행되는 개정판은 이전의 오류를 대폭 수정하였다. 누구의 잘못이든 이런 오류가 있었다는 점에 대해서 학습자 및 여러 독자 분들께 깊이 사과드리며, 수정 시 오류가 없도록 심혈을 기울였으나 만약 오류가 있다고 판단되면 바로 연락주기 바란다.

저자 씀

일러두기

NEUES 프리마 독일어의 특징은 다음과 같다.

1. 의사소통 능력 향상을 위한 접근방식

전통적인 문법중심의 접근방식을 지양하고 현대 독일어 교수법의 발달에 부응하면서 실제생활에 적합한 문형들과 문법사항들을 집중적으로 다루었다. 교육일선에서 친숙하게 다루어져 온 문법사항들을 도외시하지 않으면서 되도록 '독일어 의사소통 능력향상'에 초점을 맞추었다.

2. 어휘력 향상을 위한 다양한 예문 제시

외국어 의사소통 능력 향상을 위해서는 문법보다 기초어휘가 훨씬 더 큰 비중을 차지한다. 이것은 최근에 구미지역에서 전개되고 있는 교수방법인 '자연적 접근방식 Natural Approach'과도 부합하는 것이다. 따라서 이 책에서는 독일의 실제생활과 문화에 관련된 어휘들을 집중적으로 소개하고 있고, 연습문제에서도 일상대화, 교통, 쇼핑 상황, 식당에서의 대화, 여가 활동 등을 집중적으로 응용하였으며 풍부한 예문을 수록하였다.

3. 도표식 정리

필수적으로 알아야 하는 문법 사항, 동사의 변화형 및 다양한 의미, 의미를 구분해야 하는 여러 단어군 및 문장 등을 하나의 도표로 제시함으로써 학습자들이 쉽게 구분할 수 있게 하였다.

4. 이해를 돕기 위한 연습문제

연습문제 등 평가에 있어서 사소한 문법사항을 확인하는 것이 아니라 문맥을 통해서 이해의 수준을 측정하려고 시도하였다.

5. 학습능력 향상을 위한 구성체계

이 책의 편제를 보면 각 과마다 필수적인 문법 사항이 상술되어 있고 이어서 그 과에 대한 확인연습문제를 수록하여 학습자들로 하여금 문제유형을 파악하고 응용력을 향상시키며 정리할 수 있도록 구성하였다.

※ 약어

jd. = jemand (1격)	js. = jemandes (2격)	jm. = jemandem (3격)
jn. = jemanden (4격)	etw. = etwas	

INHALT

2권에서 계속됩니다.

22 접속법 Konjunktiv

알파벳

A	a	[a:]	아-	**P**	p	[pe:]	페-
B	b	[be:]	베-	**Q**	q	[ku:]	쿠-
C	c	[tse:]	체-	**R**	r	[ɛr]	에르
D	d	[de:]	데-	**S**	s	[ɛs]	에스
E	e	[e:]	에-	**T**	t	[te:]	테-
F	f	[ɛf]	에프	**U**	u	[u:]	우-
G	g	[ge:]	게-	**V**	v	[fau]	파우
H	h	[ha:]	하-	**W**	w	[ve:]	베-
I	i	[i:]	이	**X**	x	[iks]	익스
J	j	[jɔt]	요트	**Y**	y	[ˈΥpsilɔn]	윕실론
K	k	[ka:]	카-	**Z**	z	[tsɛt]	체트
L	l	[ɛl]	엘	**Ä**	ä	[ɛ:]	에-
M	m	[ɛm]	엠	**Ö**	ö	[ø:]	웨-
N	n	[ɛn]	엔	**Ü**	ü	[y:]	위-
O	o	[o:]	오-	**ß**	ß	[s:]	에스체트

주요문법

발음 Aussprache

독일어는 영어와는 달리 대개 알파벳 그대로 발음한다. 예외적으로 모음 뒤의 h는 장음의 역할을 한다. 순수 독일어의 강세는 대개 첫 음절에 있으며 모음 다음의 자음이 2개 이상이면 짧게 발음한다.

1. 모음 Vokale

1 단모음 Einfache Vokale

	장음			단음		
a	[aː] Wahn	Bahn	Abend	[a]	wann	alt
e	[eː] den	wen	geben	[ɛ]	denn	Heft
				[ə]	Brille	Hose
i	[iː] Titel	Bibel		[ɪ]	bitten	Himmel
o	[oː] wohnen	Ton	Ofen	[ɔ]	kommen	offen
u	[uː] gut	Hut	Uhr	[u]	dumm	Mutter

■ 모음 + 단자음은 원칙적으로 장음에 해당한다.

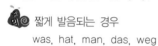 짧게 발음되는 경우
was, hat, man, das, weg

■ 모음 + h는 장음에 해당한다.
◈ Ahnung〔áːnuŋ〕

■ 모음 + 복자음 또는 중자음은 단음이다.
◈ Wald, Wasser, Wärme

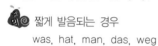 모음 + 복자음이 장음으로 발음되는 경우
Arzt, atmen, Besuch, Erde, Geburt, hoch, Husten, Mond, Obst, Ostern, Sprache, werden

■ 모음 + x도 단음이다.
◈ Taxi

❷ 변모음 Umlaute

	장음		단음	
ä	[ɛ:] Mädchen	wählen	[ɛ] Hände	ärgern
ö	[ø:] Töne	Söhne	[œ] öffnen	Löffel
ü	[y:] Güte	Tür	[ʏ] Mütter	fünf

❸ 이중모음 Diphthonge

au	[au]	aus	Frau	laut	bauen
ei(ai, ay,ey)	[ai]	leise	Mai	Bayern	Meyer
eu(äu)	[ɔy]	heute Fräulein Freude läuten Freund Leute			

❹ 복모음 Doppelvokale

■ 복모음은 장음이다. [îə]의 발음을 포함하는 Família 가족 나 Férien 휴가, Línie 선 등은 강세가 떨어지는 음절의 길이가 짧다.

aa	[a:]	Saal	Staat
ee	[e:]	See	Tee
oo	[o:]	Boot	Moos
ie	[i:] [îə]	Liebe wie Familie Ferien	

2. 자음 Konsonanten

1 단자음 Einfache Konsonanten

b	[b]	Brot	lieben
	[p]	Dieb	Obst
c	[k]	Camping	Cousine
	[ts]	Cäsar	Cello
d	[d]	drei	Dank
	[t]	Hand	Mädchen
f	[f]	Freund	Frau
g	[g]	Gast	gegen
	[k]	Tag	Berg
	[ç]	König	fleißig
h	[h]	Haus	Freiheit
	[:]	gehen	Huhn
j	[j]	jung	Japan
	[ʒ] [dʒ]	Journal	Jogging (외래어)
k	[k]	kalt	Kirche
l	[l]	leben	Lampe
m	[m]	Mond	Morgen
n	[n]	Name	nein
p	[p]	Papier	Post
qu	[kv]	Quelle	bequem
r	[r]	Regen	rot
s	[s]	Post	Haus
	[z]	sagen	Sommer
t	[t]	Tee	Tochter
v	[f]	Vater	Vogel
	[v]	Klavier	November
w	[v]	Wagen	Woche
x	[ks]	Taxi	Text
z	[ts]	Zug	Tanz

■ v [f] = ph = f = ff (발음 동일)
 ◈ Vogel 새, Philosophie 철학, Film 영화, Kaffee 커피

■ v [v] = w 극소수의 외래어 단어들
 ◈ Vase 꽃병, Novelle 단편소설, Violine 바이올린

■ 모음 + h는 장음에 해당하며, 이 경우 h는 묵음이다.
 ◈ Ahnung

 그러나 합성어의 음절경계의 첫 음에서는 [h]로 발음된다.
  ◈ wohin〔vohín〕– (wo + hin)

❷ 복자음 Zusammengesetzte Konsonanten

ch	[x]	Buch	doch
	[ç]	recht	ich
	[k]	Christ	Chor
	[ʃ]	Chef	Chance
chs	[ks]	wachsen	sechs
ck	[k]	Ecke	Rucksack
ds	[ts]	abends	Landsmann
dt	[t]	Stadt	Verwandte
ng	[ŋ]	eng	Junge
nk	[ŋk]	Dank	denken
pf	[pf]	Apfel	Kopf
ph	[f]	Philosophie	Sophie
sch	[ʃ]	Schule	Schwester
sp	[ʃp]	Sprache	spielen
st	[ʃt]	Stuhl	stehen
	[st]	Fenster	Gast
th	[t]	Thema	Bibliothek
ts	[ts]	Rätsel	nachts
tz		jetzt	Netz
tsch	[tʃ]	Deutsch	tschüs

■ ch [x] : a, o, u, au 다음에 ch가 올 때 ⇨ Nacht, noch, Buch
  [ç] = −ig: a, o, u, au 이외의 모음과 자음이 올 때 ⇨ leicht, ich, Milch

■ dt = th = t [t], z = ds = ts = tz = tion [ts], ss =ß [s], sp = st = sch [ʃ]

3. 강세 Akzent

❶ 독일어의 강세는 대개 첫 음절에 있다

■ 이것은 단순어 einfache Wörter 와 합성어 zusammengesetzte Wörter, 그리고 분리 전철을 가진 동사 Verben mit Verbzusatz 에 해당한다.

Stíefel 장화	Ántwort 응답	Vórsicht 주의
Háustür 집문	árbeiten 일하다	lángsam 천천히
ánkommen 도착하다	áufstehen 일어나다	éinsteigen 승차하다
ábfahren 출발하다		

❷ 비분리 전철의 강세

■ 비분리 전철 be-, emp-, ent-, er-, ge-, ver-, zer-, miss- 을 가진 동사와 여기서 파생된 ge-, be-를 가진 명사와 형용사들은 전철 다음 음절인 어간 음절에 주강세를 둔다.

gehören 속하다	entdécken 발견하다	begínnen 시작하다
der Besúch 방문	verkáufen 판매하다	besúchen 방문하다
Gebírge 산맥	der Verkáufer 판매원	erklären 설명하다
missfállen ~의 마음에 들지 않다		Bestéck 식사용 수저셋트

❸ 외래어는 대체로 뒷 음절에 강세가 있다

Studént 대학생	Natión 민족국가	Elefánt 코끼리
Soldát 군인	Musík 음악	Bibliothék 도서관

❹ 어미에 강세가 있는 단어

◾ 어미가 −ei, −ie, −ieren(ierer)로 끝나는 단어들은 어미에 강세가 있다.

Partéi 정당	Bäckeréi 빵가게	Theoríe 이론
rasíeren 면도하다	Kassíerer 회계원	

❺ −or로 끝난 명사는 −or 전 음절에 강세가 있다

◆ Dóktor 의사, Proféssor 교수 ⇨ 그러나 복수인 경우 Doktóren, Professóren

❻ 예외

◾ 순수 독일어로서 강세가 첫 음절에 있지 않은 단어

lebéndig 살아 있는	alléin 홀로	vielléicht 아마
zufríeden 만족한		

Übungen

A 다음 중 밑줄 친 모음이 단음인 것을 고르시오.

1. ① M<u>a</u>nn ② <u>A</u>hnung ③ D<u>a</u>me ④ B<u>a</u>hn ⑤ <u>A</u>bend
2. ① d<u>e</u>n ② g<u>e</u>ben ③ w<u>e</u>n ④ d<u>e</u>nn ⑤ g<u>e</u>hen
3. ① b<u>ie</u>ten ② B<u>i</u>bel ③ T<u>i</u>nte ④ w<u>i</u>r ⑤ T<u>i</u>ger
4. ① w<u>o</u>hnen ② T<u>o</u>n ③ <u>O</u>fen ④ Br<u>o</u>t ⑤ k<u>o</u>mmen
5. ① R<u>u</u>hm ② H<u>u</u>t ③ H<u>u</u>hn ④ M<u>u</u>tter ⑤ Bl<u>u</u>me

B 다음 밑줄 친 모음이 장음인 것을 고르시오.

1. ① F<u>a</u>hrrad ② H<u>a</u>nd ③ K<u>i</u>nd ④ B<u>e</u>tt ⑤ Bl<u>u</u>me
2. ① K<u>i</u>no ② F<u>i</u>sch ③ b<u>i</u>tten ④ H<u>i</u>mmel ⑤ Z<u>i</u>mmer
3. ① D<u>o</u>rf ② Z<u>u</u>g ③ B<u>u</u>s ④ B<u>e</u>tt ⑤ T<u>i</u>sch
4. ① K<u>ä</u>se ② M<u>ä</u>rz ③ f<u>ü</u>nf ④ L<u>ö</u>ffel ⑤ H<u>ü</u>tte
5. ① <u>ö</u>ffnen ② sch<u>ö</u>n ③ B<u>ü</u>rger ④ k<u>ö</u>nnen ⑤ K<u>ä</u>lte

Lösung

A 1. 중자음과 복자음 앞의 모음은 단음이다.

B 1. Fahrrad에서 h는 모음의 길이를 늘이는 역할을 한다.
cf. wohin, woher
3. Bus는 예외적 단음

A 1. ①   2. ④   3. ③   4. ⑤   5. ④

B 1. ①   2. ①   3. ②   4. ①   5. ②

C 다음 중 발음이 나머지 것들과 다른 것을 고르시오.

1. ① Buch   ② China   ③ Tuch   ④ acht   ⑤ noch

2. ① ich   ② doch   ③ recht   ④ leicht   ⑤ Milch

3. ① Herbst   ② bilden   ③ Bundesliga   ④ Knabe   ⑤ lieben

4. ① Fenster   ② Gast   ③ Stuhl   ④ Kunst   ⑤ gestern

D 다음 중 강세가 틀린 것은?

1. ① ábschreiben ② émpfehlen ③ ánkommen ④ studíeren ⑤ besúchen

2. ① lébendig   ② Musík   ③ Soldát   ④ Kassíerer   ⑤ Doktóren

---

C   1. China [çiːna]
     a, o, u, au+ch[x]
     그 외 모음+ch는 [ç]
    3. Herbst [hɛrpst]

D   1. 비분리 전철 be-, emp-, ent-, er-, ge-,
     ver-, zer-, miss-에는 강세가 없다.

C   1. ②   2. ②   3. ①   4. ③

D   1. ②   2. ①

1 동사의 현재 인칭 변화 Konjugation des Verbs:Präsens

독일어 동사의 부정형 Infinitiv 은 어간과 어미 −en/−n으로 구성되어 있으며, 주어의 인칭과 수에 따라 일정한 어미 변화를 한다.

1. 동사의 부정형 어간 + 어미

동사의 부정형은 어간+어미(en)으로 이루어져 있으며, 인칭에 따라 −en을 뺀 어간에 일정한 어미가 붙는다.

Point 어간+어미
komm en

부정형	의미	영어
komm*en*	오다	come
tu*n*	하다	do
arbeit*en*	일하다	work

2. 인칭과 어미 spielen 하다 **동사의 현재시제인 경우**

Point

단수		복수	
ich	-e	wir	-en
du	-st	ihr	-t
er/sie/es	-t	sie/Sie	-en

인칭에 따라 어간에 어미가 붙은 것을 동사의 인칭변화라하며, 몇 개의 불규칙동사를 제외하고, 일정하게 어미가 붙은 규칙동사들이 많다.

	인 칭		어간+ *어미*
단수	ich 나는	1인칭	spiel*e*
	du 너는	2인칭	spiel*st*
	er / sie / es 그/그녀/그것은	3인칭	spiel*t*
복수	wir 우리는	1인칭	spiel*en*
	ihr 너희들은	2인칭	spiel*t*
	sie 그들/그것들은	3인칭	spiel*en*
단·복수	Sie 당신은/당신들은	2인칭 존칭	spiel*en*

◆ Ich spiele Tennis.　나는 테니스를 친다.　Du spielst Karten.　너는 카드놀이를 한다.
　Wir spielen Schach.　우리는 체스를 한다.　Ihr spielt Fussball.　너희들은 축구를 한다.
　Sie spielen Lotto.　그들은 복권놀이를 한다.
　Er/Sie spielt Klavier.　그/그녀는 피아노를 연주한다.
　Sie spielen Geige.　당신(들)은 바이올린을 연주합니다.

3. 현재시제의 종류

❶ 어간에 붙는 현재인칭어미변화 : 규칙동사

규칙동사의 기본형

	sagen 말하다	lieben 사랑하다
ich	sage	liebe
du	sagst	liebst
er/es/sie	sagt	liebt
wir	sagen	lieben
ihr	sagt	liebt
sie/Sie	sagen	lieben

■ 어간이 −t 나 −d로 끝나는 경우 자음으로 시작하는 어미 앞에 발음상 −e−를 첨가한다. 또한 어간이 −m, −n으로 끝나고 −r−이나 −l−이외의 또 다른 자음이 m, n, 앞에 올 때에도 자음으로 시작하는 어미 앞에 발음상 −e−를 첨가한다.

		baden 목욕하다	atmen 숨쉬다	rechnen 계산하다
ich	-e	bad-e	atm-e	rechn-e
du	-e-st	bad-e-st	atm-e-st	rechn-e-st
er	-e-t	bad-e-t	atm-e-t	rechn-e-t
wir	-en	bad-en	atm-en	rechn-en
ihr	-e-t	bad-e-t	atm-e-t	rechn-e-t
sie	-en	bad-en	atm-en	rechn-en

 er lernt 배우다

■ 동사의 어간이 −s, −ß, −x, −z, −tz, −sch로 끝나면 2인칭 단수어미에서 −s−가 탈락한다.
　◆ du grüß−t 인사하다

■ 동사의 부정형이 -eln으로 끝나면 1인칭 단수에서 어간 모음 -e-가 탈락한다.
　◈ klingel-n 따르릉 울리다　⇨ ich klingl-e(du klingelst 등)

■ 동사의 부정형이 -ern으로 끝나면 -e-는 대개 남는다.
　◈ änder-n 고치다 ⇨ ich ändere

❷ 어간에 붙는 현재인칭변화 : 불규칙동사

■ 불규칙동사는 규칙동사와 같은 동일한 규칙에 따라 현재형을 만든다. 어간이 -t나 -d
로 끝나면, 불규칙동사 2, 3인칭 단수와 2인칭복수에서 -e-가 들어간다.
　◈ binden 묶다 ich binde, du bindest, er bindet

　　🐝 그러나 어간모음이 변모음 Umlaut
　　으로 나타나면 -e-는 탈락한다.

	rate 충고하다	lade 짐을 싣다
ich	rate	lade
du	rätst	lädst
er	rät	lädt

■ 단어의 어간이 -s (-ß), -z로 끝나면, 규칙동사에서와 마찬가지로 2인칭단수어미 -s는 탈락한다.
　◈ sitzen 앉다 du sitz-t

■ 동사 heißen 이름이 -이다 도 이 유형에 속한다.

ich	heiße	wir	heißen
du	heißt	ihr	heißt
er/es/sie	heißt	sie, Sie	heißen

■ 동사 tun 하다 은 1, 3인칭 복수현재형에서 어미 -n을 갖는다.

ich	tue	wir	tun
du	tust	ihr	tut
er/es/sie	tut	sie, Sie	tun

❸ 어간모음이 변화하는 경우 : 불규칙동사 du와 3인칭 단수형태에 유의

> 어간모음　a → ä
> 장모음　　e → ie
> 단모음　　e → i

	sehen 보다 e → ie	sprechen 말하다 e → i	tragen 나르다 a → ä	laufen 달리다 au → äu
ich	sehe	spreche	trage	laufe
du	siehst	sprichst	trägst	läufst
er, es, sie	sieht	spricht	trägt	läuft
wir	sehen	sprechen	tragen	laufen
ihr	seht	sprecht	tragt	lauft
sie/Sie	sehen	sprechen	tragen	laufen

‖ 불규칙동사들도 위와 같은 규칙에 따라 현재인칭 어미변화를 한다‖

sehen류에 해당하는 동사

- lesen 읽다
- empfehlen 추천하다
- stehlen 훔치다
- geschehen 발생하다
- befehlen 명령하다
- fernsehen TV 시청하다

sprechen류에 해당하는 동사

- helfen 돕다
- vergessen 잊다
- treffen 만나다
- essen 먹다
- gelten 가치가 있다

tragen류에 해당하는 동사

- halten 멈추다
- laden 싣다
- einladen 초대하다
- fahren 타고 가다
- fangen 붙잡다
- schlafen 잠자다
- waschen 씻다

❹ nehmen 택하다, treten 밟다, geben 주다의 현재인칭변화

	nehmen 택하다	treten 밟다	geben 주다
ich	nehme	trete	gebe
du	nimmst	trittst	gibst
er/es/sie	nimmt	tritt	gibt
wir	nehmen	treten	geben
ihr	nehmt	tretet	gebt
sie/Sie	nehmen	treten	geben

❺ 현재시제에서의 불규칙동사

sein ~이다		영어의 be동사에 해당한다	
ich	bin	wir	sind
du	bist	ihr	seid
er, es, sie	ist	sie, Sie	sind

◈ Du bist (eine) Schülerin. 너는 여학생이다.
 Ich bin sehr gesund. 나는 아주 건강하다.
 Er ist krank. 그는 아프다.

haben ~갖고 있다		영어의 have동사에 해당한다	
ich	habe	wir	haben
du	hast	ihr	habt
er, es, sie	hat	sie, Sie	haben

◈ Hast du vielleicht einen CD-Spieler? 너는 혹시 CD 플레이어를 갖고 있니?
 Der Lehrer hat ein Buch. 선생님은 책 한 권을 갖고 계신다.

미래시제를 나타내는 조동사 werden 되다		영어의 become조동사에 해당한다	
ich	werde	wir	werden
du	wirst	ihr	werdet
er, es, sie	wird	sie, Sie	werden

◈ Der Junge wird (ein) Richter. 그 소년은 판사가 될 것이다.
 Wir werden am Wochenende nach Europa fliegen.
 우리는 주말에 유럽으로 비행기를 타고 갈 것이다. 미래시제

wissen ~한 사실을 알다			
ich	weiss	wir	wissen
du	weisst	ihr	wisst
er, es, sie	weiss	sie, Sie	wissen

◈ Ich weiß, dass Jutta die Prüfung nicht macht.
나는 유타가 시험을 치지 않는다는 사실을 알고 있다.

🐌 wissen 동사는 3과에 나오는 화법조동사 Modalverben 와 구조적 형태에 있어서 유사하다.
kennen은 알(고 있)다, 사람 및 물체의 존재, 특성, 성질 따위에 관하여 직접적인 경험에서 그 표상, 기억을 가지고 있으며, 그 사람 및 물체를 다른 것과 식별할 수 있다는 뜻; 이에 반해 wissen은 내용을 알고 있다는 뜻이다.

◈ Ich kenne mich (selbst) gut genug.   나는 나 자신을 아주 잘 알고 있다.
Seit 1989 kenne ich ihn schon.   나는 이미 1989년부터 그를 안다.

Übungen

A 각각 동사의 부정형을 현재형으로 바꾸시오.

1. Stefan liegt in der Sonne und (   ) Eis.   **essen**

2. Mein Vater kommt um sechs Uhr nach Haus und (   ) nur die Zeitung. **lesen**

3. Heute (   ) der Film 'Ein Amerikaner in Paris'. Kommst du mit?   **laufen**

4. Wie alt sind Sie?

   → Ich (   ) siebzehn Jahre alt.   **sein**

5. Du (   ) eine Schwester. Wie heißt sie denn?   **haben**

6. Ihr (   ) in der Nacht ein Taxi.   **nehmen**

B 다음중 알맞은 답을 고르시오.

1. Du (   ) einen Gast zum Abendessen ein.

  ① lädst   ② ladest   ③ ladst   ④ lädt   ⑤ lädest

2. 다음 중 동사의 변화가 틀린 것은?

  ① Er schläft.

  ② Er empfiehlt eine Sekretärin.

  ③ Er atmet tief.

  ④ Du werfst den Abfall in den Abfalleimer.

  ⑤ Sie stiehlt eine Armbanduhr.

| Lösung |

A 1. in der Sonne liegen 일광욕을 즐기다
     3. laufen → läuft

B 2. den Abfall in den Abfalleimer werfen
     쓰레기를 쓰레기통에 버리다
     stehlen 훔치다

A 1. isst   2. liest   3. läuft   4. bin   5. hast
     6. nehmt

B 1. ①   2. ④ (wirfst)

C 다음 빈 칸에 적당한 동사를 고르시오.

1. Helmut Kohl ( ) kein Englisch.
   ① sagt   ② spricht   ③ schläft   ④ isst   ⑤ seht

2. Herr Meyer ( ) einen Brief.
   ① öffnet   ② antwortet   ③ fragt   ④ spricht   ⑤ fährt

D 각 문장을 주어진 명사를 주어로 하여 다시 쓰시오.

1. Was tragen die Kinder am Freitag?   du
   → --

2. Nehmen Sie die Suppe?   Karin
   → --

3. Lesen alle Menschen die Zeitung?   du
   → --

4. Schlaft ihr bis neun?   er
   → --

5. Wisst ihr, wie er heißt?   Giesela
   → --

C 1. eine Fremdsprache sprechen 외국어를 하다
   die Wahrheit sagen 진실을 말하다
   2. auf etw.⁴ antworten

C 1. ②   2. ①

D 2. 3인칭에서 어간모음이 변화하는 동사
   tragen, nehmen, lesen, schlafen, wissen

D 1. Was trägst du am Freitag?
   2. Nimmt Karin die Suppe?
   3. Liest du die Zeitung?
   4. Schläft er bis neun?
   5. Weiß Gigela, wie er heißt?

② 인칭대명사 Personalpronomen

인칭대명사는 말하는 이(1인칭), 듣는 이(2인칭), 언급되는 사람이나, 사물(3인칭)을 나타내며, 3인칭에서만 명사를 대신한다.

1. 인칭대명사의 형태

		1인칭	2인칭		3인칭		
			친칭	존칭	남성	중성	여성
단수	1격	ich	du	Sie	er	es	sie
	4격	mich	dich	Sie	ihn	es	sie
	3격	mir	dir	Ihnen	ihm	ihm	ihr
	2격	meiner	deiner	Ihrer	seiner	seiner	ihrer
복수	1격	wir	ihr	Sie	sie		
	4격	uns	euch	Sie	sie		
	3격	uns	euch	Ihnen	ihnen		
	2격	unser	euer	Ihrer	ihrer		

■ 친칭은 가족, 친척, 친구, 잘 아는 사람, 직장동료 혹은 아이를 부를 때 사용한다. 존칭 Sie 은 2인칭으로 첫 글자를 대문자로 쓰고 단수/복수 동형이다. 존칭은 처음 만난 사이나 상대방에게 존중을 나타낼 때 사용하는데, 일반적으로 독일 인문계 고등학교인 김나지움 Gymnasium 의 고학년 학생들에게 교사는 존칭을 사용한다.

2. 인칭대명사의 용법

❶ 3인칭 단수 대명사는 명사의 문법성을 표시한다

◈ Welche Farbe hat *der Hut?*　　그 모자는 무슨 색이니?
　⇨ *Er* ist braun.　　　　　　　그것은 갈색이다. 남성

　Welche Farbe hat *das Kleid?*　그 원피스는 무슨 색이니?
　⇨ *Es* ist grün.　　　　　　　그것은 녹색이다. 중성

Welche Farbe hat *die Bluse?*
⇨ *Sie* ist gelb.

그 블라우스는 무슨 색이니?
그것은 노란색이다. 여성

❷ 모든 성Genus에 대해서 sie는 3인칭 복수를 대표한다

◆ Welche Farbe haben die Schuhe?
⇨ Sie sind schwarz.

그 신발들은 무슨 색이니?
그것들은 검정색이다.

❸ 1격은 주어와 주격보어로 쓰인다

◆ Ich bin Schülerin.

나는 여학생이다.

❹ 2격은 2격 지배 동사·형용사·전치사의 보족어로만 쓰인다

■ 주로 법률 용어에 사용하며 일상적으로는 사용하지 않는다.
◆ Ich bedarf des Dolmetschers nicht.
Ich bedarf des Geldes nicht.

나는 통역사가 필요치 않다.
나는 그 돈이 필요치 않다.

❺ 3격은 3격 지배 혹은 3·4격 지배 품사의 보족어로 쓰인다

◆ Karl ist mein Freund.
Ich gehe mit ihm in die Schule.
3격지배 전치사 mit의 목적어

칼은 나의 친구이다.
나는 그와 함께 학교에 다닌다.

Mir gefällt dieses Buch.
3격지배 동사 gefallen의 보족어

이 책은 내 마음에 든다.

Er ist seinem Vater ähnlich.
3격지배 형용사 ähnlich의 보족어

그는 그의 아버지를 닮았다.

Sie schenkt ihm einen Pullover.
3·4격 수여동사 schenken의 3격 보족어

그녀는 그에게 스웨터 한 벌을 선사한다.

❻ 4격은 4격 지배 혹은 3·4격 지배 품사의 보족어로 쓰인다

◆ Wir treffen euch um 3.
euch는 4격지배 동사 treffen의 목적어

우리는 3시에 너희들을 만날 것이다.

Wir geben Ihnen einen Ring.
einen Ring은 3·4격 수여동사 geben의 4격 목적어

우리는 당신에게 반지를 드립니다.

3. 문장 내에서 인칭대명사들의 순서

Der Student schenkt dem Freund ein Buch 라는 문장으로부터:

◈ Der Student schenkt dem Freund ein Buch.   그 대학생은 친구에게 책 한 권을 선사한다.
주어 + 명사 3격 목적어 + 명사 4격 목적어 → 기본 어순

Der Student schenkt ihm ein Buch.   그 대학생은 그에게 책 한 권을 선사한다.
주어 + 인칭대명사 3격 목적어 + 명사 4격 목적어

Der Student schenkt es dem Freund.   그 대학생은 그것을 친구에게 선사한다.
주어 + 인칭대명사 4격 목적어 + 명사 3격 목적어

Der Student schenkt es ihm.   그 대학생은 그것을 그에게 선사한다.
주어 + 인칭대명사 4격 목적어 + 인칭대명사 3격 목적어

Schenkt es ihm der Student?   그 대학생은 그것을 그에게 선사합니까?
인칭대명사 4격 목적어 + 인칭대명사 3격 목적어 + 명사 1격

주의 인칭대명사 es는 4격으로서 문두(첫 번째 위치)에 올 수 없다. 따라서 다음 문장은 비문법적이다.

◈ Es schenkt ihm der Student. (x)   그것을 그 대학생은 그에게 선사한다.
→ Das schenkt ihm der Student. (O)

주의 das가 목적어일 때는 문장의 제일 앞에 와도 문법에 맞는다.

4. 3격 인칭대명사의 특수용법

❶ 이해관계의 3격

■ 주격에 해당하는 행위자가 3격에게 유익 혹은 불이익을 끼치는 경우

◈ Er trägt ihr den Koffer.   그는 그녀를 위해 가방을 들어 준다.
Er stiehlt ihr(= für sie) einen Apfel.   그는 그녀를 위해서 사과 하나를 훔친다.
                      ('그는 그녀에게서 몰래 사과 하나를 훔친다'의 뜻도 된다)

❷ 신체 일부·소유의 3격

■ 사람 혹은 생물의 신체 일부분이나 사물이 전체를 의미하는 3격 인칭대명사에 소속되어 있는 경우

◈ Mir schmerzt der Kopf.   나는 머리가 아프다.
Ich wasche mir das Gesicht.   나는 나의 얼굴을 씻는다.
Er klopft mir auf die Schulter.   그는 나의 어깨를 두드린다.

❸ 관심의 3격

■ 말하는 사람의 개인적 느낌·관심을 표현하는 경우
    ◆ Du bist mir immer freundlich.   너는 나에게 항상 친절해.

5. 전치사와 인칭대명사의 결합

■ 독일어에서 인칭대명사가 사람이나 동물을 지칭할 때에는 인칭대명사가 전치사 바로 다음에 위치한다.
    ◆ Ich werde bald mit ihr sprechen.   나는 곧 그녀와 이야기할 것이다.
       Bist du mit Josef gefahren?   너는 요셉과 함께 차를 타고 갔니?
    ⇨Ja, ich bin mit ihm gefahren.   응, 나는 그와 함께 타고 갔어.

■ 이것은 전치사와 의문사의 결합에도 해당된다.
    ◆ Mit wem gehst du in die Kirche? Gehst du mit Maria?
                                         너는 누구와 함께 교회에 가니? 마리아와 함께 가니?
    ⇨Ja, ich gehe mit ihr in die Kirche.   그래, 나는 그녀와 함께 교회에 가.

■ 그러나, 전치사의 목적어가 사물이나 개념을 뜻하는 단어이면, 독일어에서는 da(r:전치사가 모음으로 시작하는 경우)+전치사로 된 합성어를 사용한다. 이것은 의문문에서 wo(r) + 전치사 가 사용되는 것과 맥락을 같이 한다.
    ◆ Was macht man mit einer Hupe?   경적을 가지고 무엇을 하지요?
    ⇨Man warnt andere Leute damit.   사람들은 그것으로써 다른 이들에게 경고를 합니다.

       Hast du etwas gegen das Rauchen?   너는 담배 피는 것에 대해서 반대하니?
    ⇨Nein, ich habe nichts dagegen.   아니야, 나는 거기에 대해 전혀 반대하지 않아.

       Womit fährst du? Fährst du mit dem Motorrad?
                                        너는 무엇을 타고 가니? 오토바이 타고 가니?
    ⇨Ja, ich fahre damit.   그래, 나는 그것을 타고 가.

       Woran denkst du? Denkst du an die Hausaufgabe?
                                         너는 무엇을 생각하니? 숙제를 생각하니?
    ⇨Ja, ich denke daran.   그래, 나는 그것을 생각해.

■ 몇몇 da-합성어는 숙어로 쓰인다.
    ◆ Hast du Geld dabei?   너는 지금 돈 좀 갖고 있니?
       dabei 수중에

       Darum hast du auch kein Glück.   그래서 너는 운이 없는거야.
       darum 그래서

    🍐 da(r)는 전치사 ohne ~없이, auß er ~뿐만 아니라 / ~이외에, seit ~이후로 와는 결합하지 못한다.

■ da-합성어의 종류
    ◆ daraus   damit   davon   dazu   dadurch
       dafür   dagegen   darauf   darüber

Übungen

A 괄호안에 알맞은 말을 넣으시오.

1. Wer bist du? Ich kenne (　　) nicht.

   Wer seid (　　)? Ich kenne euch nicht.

2. Gefällt euch die Blume?

   Ich werde (　　) (　　) kaufen.

B 다음 빈 칸에 mich, dich, uns, euch, Sie 중 적당한 것을 골라 넣으시오.

1. Katrin　　: Holst du mich heute abend ab, wenn wir ins Kino gehen?

   Thomas　: Natürlich hole ich (　　) ab!

2. Stefan　　: Hallo! Hier bin ich, Albert! Siehst du (　　) denn nicht?

   Albert　　: Ach, da bist du! Ja, jetzt sehe ich (　　).

3. Sabine　　: Guten Tag, Frau Schulz! Sie kennen (　　) noch nicht. Wir sind

   neu in Ihrer Klasse. Das ist Rick, und ich bin Sabine.

   Frau Schulz : Guten Tag, Rick. Guten Tag, Sabine.

4. Monika : Hallo, Albert. Hallo, Thomas. Katrin und ich besuchen (　　) heute.

   Albert und Thomas: Toll! Bringt Kuchen mit!

5. Frau Schulz : Spreche ich laut genug? Verstehen Sie (　　)?

   Klasse　　: Ja, wir verstehen (　　) sehr gut, Frau Schulz.

6. Stefan　: Heidi, ich mag (　　)!

   Heidi　　: Das ist schön, Stefan. Ich mag (　　) auch.

7. Wem gehört die Armbanduhr?

   - Sie gehört (　　). (ich의 적당한 꼴)

Lösung

A　1. gefallen ~의 마음에 들다. (3격 지배)
　　　2. 4격대명사＋3격대명사의 순서

B　1. abholen 차에 태우다
　　　2. ich → mich　du → dich　wir → uns
　　　4. ihr→ euch
　　　5. 존칭에 유의.
　　　6. 친한 사이의 호칭
　　　7. ich→ mir (3격)

A　1. dich, ihr　　2. sie, euch

B　1. dich　　2. mich, dich　　3. uns
　　　4. euch　　5. mich, Sie　　6. dich, dich
　　　7. mir

C 아래 질문에 긍정으로 답하시오. 그리고 전치사구를 da-형태나 사람 목적어를 인칭대명사로 나타내시오.

<table>
<tr><td>보기</td><td>

•Bereiten Sie sich auf Ihre Reise vor?

→ Ja, wir bereiten uns darauf vor.

•Erinnern Sie sich noch an meine ältere Schwester?

→ Ja, ich erinnere mich noch an sie.

</td></tr>
</table>

1. Haben Sie auf seinen Brief geantwortet?

2. Glaubst du noch an den Erfolg unserer Arbeit?

3. Kannst du dich an diesen Menschen gewöhnen?

4. Hat Sabrina sich um ihren Bruder gekümmert?

5. Halten Sie viel von diesem neuen Gesetz?

6. Habt ihr auch an die anderen Studenten gedacht?

C 2. an etw.⁴ glauben ~를 믿다.
4. sich⁴um jn./etw.⁴ kümmern
누구/무엇에 대해 걱정하다.
5. von jm/etw.³ viel halten
누구/무엇(3격)에 대해 대단히 여기다.

C 1. Ja, ich habe darauf geantwortet.
2. Ja, ich glaube noch daran.
3. Ja, ich kann mich an ihn gewöhnen.
4. Ja, sie hat sich um ihn gekümmert.
5. Ja, ich halte viel davon.
6. Ja, wir haben an sie gedacht.

3 화법조동사 Modalverben

화법조동사는 다른 일반동사의 내용을 수식, 한정하는 기능을 한다. 이 때 일반동사는 부정형의 형태를 띄며 화법조동사와 더불어 복합동사부를 만든다.

1. 종류와 기본 인칭변화

ich	darf	wir	dürfen
du	darfst	ihr	dürft
er, es, sie	darf	sie, Sie	dürfen

유사한 다음 형태들을 살펴 보자.

können(ich kann) : 능력, 가능, 허가, 불확실성
mögen(ich mag) : 기호, 추측
möchten(ich möchte) : 희망, 원함
müssen(ich muss) : 필연, 강제, 강한 의무, 확신
dürfen(ich darf) : 허가, (nicht와 결합하여) 금지, 개연성
sollen(ich soll) : 당연성, 도덕적 의무, 소문
wollen(ich will) : 의지, 주장, 의도

		können	mögen	möchten	müssen	dürfen	wollen	sollen
ich		kann	mag	möchte	muss	darf	will	soll
du	st	kannst	magst	möchtest	musst	darfst	willst	sollst
er sie es		kann	mag	möchte	muss	darf	will	soll
wir	-en	können	mögen	möchten	müssen	dürfen	wollen	sollen
ihr	-t	könnt	mögt	möchtet	müsst	dürft	wollt	sollt
sie	-en	können	mögen	möchten	müssen	dürfen	wollen	sollen

 화법조동사는 어간이 단수에서 변화하며 ich와 3인칭 단수에 어미가 없다.

2. 화법조동사 + 부정형 문미에 위치

	Modalverb		Infinitiv
Ich	darf	heute Abend nicht	mitkommen.
	Willst	du denn gar nichts	trinken?
Robert	möchte	Lehrer	werden.

나는 오늘밤 함께 가서는 안 된다.
너는 도대체 아무 것도 마시지 않으려고 하느냐?
로베르트는 교사가 되기를 원한다.

3. 일반동사의 부정형이 생략된 경우

■ 예를 들어 fahren, gehen, haben, machen, tun을 대신할 때

	화법조동사	
Ich	muss	in die Schule.
	Dürfen	wir denn das?
Karin	möchte	ein Bier.

나는 학교에 가야 한다.
그런데 우리가 그것을 해도 되나요?
카린은 맥주를 마시고 싶어한다.

4. 화법조동사의 쓰임

❶ **können** 능력, 가능, 허가, 불확실성

◈ Kannst du kochen?　　　너는 요리할 수 있니? 능력
　Meine Mutter kann heute Abend nach München fahren.
　　　　　　　　나의 어머니는 오늘 저녁 뮌헨으로 가실 수도 있다. 가능
　Wer mit dem Test fertig ist, kann nach Hause gehen.
　　　　　　　　시험이 끝난 사람은 집에 가도 좋다. 허가

❷ mögen 기호, ~을 좋아하다, 추측, ~일 것이다

◆ Mögen Sie Fisch? 당신은 생선을 좋아하세요?
Ich mag gern in die Berge fahren. 나는 산에 가는 것을 좋아한다.
Die Frau mag etwa dreißig Jahre alt sein. 그 부인은 대략 30세일 것이다.

 'möchten'은 mögen동사의 접속법 형태로서 공손한 희망을 표현하는 동사로서 사용한다(영어의 would like to 에 해당).
möchten 동사는 일반적으로 '무엇을 갖고/하고 싶다'라는 뜻을 나타내며, 이에 해당하는 목적어는 4격의 형태를 취한다.

möchten : ~하고 싶다			
ich	möchte	나는 ~하고 싶어한다	
ich	möchte	wir	möchten
du	möchtest	ihr	möchtet
er, es, sie	möchte	sie, Sie	möchten

◆ Ich möchte eine Tasse Kaffee, bitte. 커피 한 잔 주세요.
Hans möchte einen Fernseher zum Geburtstag. 한스는 생일선물로 TV를 원한다.
Er möchte, dass du in die Schule gehst. 그는 네가 학교 가기를 원한다.

 또한 möchten동사는 다른 조동사들과 마찬가지로 행위를 나타내는 동사의 부정형과 결합되어 사용된다. 이때 부정형은 문미에 위치한다.

◆ Peter möchte einen Mantel kaufen. 페터는 외투를 사고 싶어한다.
Sofie möchte ein Eis essen. 소피는 아이스크림을 먹고 싶어한다.

❸ müssen 필연, 강제, 강한 의무

◆ Meine Tochter muss mehr lernen. 내 딸은 더 많이 배워야 한다. 강한 의무
↔ Meine Tochter braucht nicht mehr zu lernen. 내 딸은 더 이상 배울 필요가 없다.
Heute darf ich nicht zu spät kommen. 나는 오늘 늦게 와서는 안 된다.

'~해서는 안 된다' 라는 표현에는 nicht dürfen이 해당된다.

Alle Menschen müssen sterben. 모든 사람들은 죽기 마련이다. 필연

❹ dürfen 허가, 개연성

◆ Auf dem Parkplatz darf man nur 1 Stunde parken.
그 주차장에서는 단지 한시간 주차만 허용된다. 허가

Die Kinder dürfen keine Zigaretten rauchen. 아이들은 담배를 피워서는 안 된다. 금지

❺ sollen 당연성, 도덕적 의무, 소문

◈ Die Studenten sollen die Hausaufgaben bis morgen abgeben.

　　　　　　　　　　　　　대학생들은 그 숙제들을 내일까지 제출해야만 한다. 당연성

Frau Schulz sagt, du sollst morgen zu ihr kommen.

　　　　　　　　　　　　　슐쯔 부인은 네가 내일 그녀에게 와야 한다고 이야기한다. 타인의 요구

Du sollst nicht stehlen.　　　너는 도둑질해서는 안 된다. 성경 : 법률적 명령

❻ wollen 의지, 주장, 의도

◈ Ich will das Buch kaufen.　　나는 그 책을 사려고 한다. 의지

Er will Arzt werden.　　　　　그는 의사가 되려고 한다. 의도

5. 'haben + zu 부정형'은 필연이나 가능을 나타낸다.

◈ Ich habe mit dir zu reden.　　나는 너와 이야기해야만 한다.
　= Ich muss mit dir reden.

Was hast du zu berichten?　　너는 무엇을 보고할 수 있니?
　= Was kannst du berichten?

6. 'sein + zu 부정형'도 가능이나 필연을 나타낸다.

◈ Die Arbeit ist in drei Tagen nicht zu schaffen.　　그 일은 3일 안에 마칠 수 없다.
　= Die Arbeit kann in drei Tagen nicht geschafft werden.

Die Aufgabe ist unbedingt in einer Woche zu erledigen.

　　　　　　　　　　　　　그 과업은 반드시 일주일 내에 해결해야 한다.

7. 주관적 화법을 나타내는 화법조동사의 특수한 경우

❶ müssen 확신

◈ Der Präsident muss krank sein.　　대통령의 몸이 불편함에 틀림없다.
　= Der Präsident ist sicherlich krank.

❷ sollen 소문

❖ In der Stadtmitte soll eine Konzerthalle entstehen. 시내에 음악당이 생긴다고 한다.
= Man behauptet, dass in der Stadtmitte eine Konzerthalle entstehe.

Sie soll schon seit längerer Zeit krank sein. 그녀가 오래 전부터 아프다고들 한다.
= Man behauptet, dass sie schon seit längerer Zeit krank sei.

❸ mögen 추측 : ~일지도 모른다

❖ Mein Vater mag jetzt in Berlin bleiben. 나의 아버지는 지금 베를린에 머무르고 있을지도 모른다.
Sie mögen sich von früher kennen. 그들은 아마도 이전부터 서로 알지 모른다.
=Sie kennen sich wohl von früher.

❹ können 불확실성 : 아마 ~일 것이다

❖ Er kann noch auf dem Sportplatz sein. 그는 아마 아직도 운동장에 있을 것이다.
=Er ist vielleicht noch auf dem Sportplatz.

(Vertiefungsstufe ··· 심화학습)

❖ dürfen 개연성 : 아마도 ~이다
Sie dürften schon schlafen 그들은 아마도 이미 자고 있을 것이다.
= Sie schlafen wahrscheinlich schon. (이럴 때는 dürfen의 과거형을 쓴다.)

# Übungen

A 화법조동사의 적당한 꼴을 넣으시오.

1. Albert : Hallo, Nora. Peter und ich gehen ins Kino.
   (   ) du nicht mitkommen?
   Nora   : Ich (   ) schon, aber leider (   ) ich nicht mitkommen.
   Ich (   ) arbeiten.

2. Heidi   : Hallo, Stefan. Frau Schulz sagt, du (   ) morgen in ihre
   Sprechstunde kommen.
   Stefan : Morgen (   ) ich nicht, ich habe keine Zeit.
   Heidi   : Das (   ) du Frau Schulz schon selbst sagen. Bis bald.

3. Sie ist nicht imstande, die Arbeit schnell zu machen.
   = Sie (   ) die Arbeit nicht schnell (   ).

4. Es ist verboten, dass man im Krankenhaus raucht.
   = Man (   ) im Krankenhaus nicht rauchen.

5. Müssen Sie heute einkaufen gehen?
   – Nein, heute (   ) ich nicht einkaufen zu gehen.

6. Der Mann (   ) über sechzig Jahre alt sein. (mögen)

Lösung

A 2. Sprechstunde f. 면담시간
3. imstande sein ~할 능력이 있다
4. verbieten 금지하다
   rauchen 흡연하다
5. èinkaufen gehen 쇼핑하러 가다
6. mögen 추측의 화법조동사

A 1. Willst, will, kann, muss
2. sollst, kann, musst
3. kann, machen
4. darf
5. brauche
6. mag

B 다음 물음에 답하시오.

1. 다음의 화법조동사 쓰임에서 다른 네가지와 구별되는 것은?`

   ① Die Großmutter kann den Brief nicht lesen, weil sie schlecht sieht.
   ② Der fünfjährige Junge kann bereits lesen.
   ③ Hans kann kein Englisch sprechen.
   ④ Die Frauen können immer noch im Büro sein.
   ⑤ Mein Bruder kann schwimmen.

2. 다음 문장을 우리말로 옮기시오.

Die Sekretärin einer Exportfirma soll auch Fremdsprachen können.

C 적당한 화법조동사를 이용하여 다시 쓰시오.

보기
> Es ist unglaublich, dass sie Ausländer sind.
> → Sie können keine Ausländer sein.

1. Ich bin sicher, dass die Regierung in dem Land repressiv ist.
   →

2. Man sagt, die Preise seien dort niedriger.
   →

3. Es ist möglich, dass das stimmt.
   →

B 1. schlecht sehen 시력이 좋지 못하다

C 1. Regierung f. 정부
    repressiv 억압적인
   2. niedrig 낮은

B 1. ④
   2. 수출회사의 여비서는 외국어 또한 할 수 있어야
C 1. Die Regierung muss in dem Land repressiv s
   2. Die Preise sollen dort niedriger sein.
   3. Das mag stimmen.

4 관사, 동사의 격지배, 명사

이 과에서는 정관사(류), 부정관사(류), 동사의 격지배, 전치사와 함께 쓰이는 동사, 그리고 명사의 성, 수, 격의 변화에 대해서 배운다.

1. 관사

❶ **정관사** der bestimmte Artikel

정관사+명사		
	단수	복수
남성	1격 **der** Mann	
	4격 **den** Mann	
	3격 **dem** Mann	
	2격 **des** Mannes	
중성	1격 **das** Kind	1격 **die** Männer, Kinder, Frauen
	4격 **das** Kind	4격 **die** Männer, Kinder, Frauen
	3격 **dem** Kind	3격 **den** Männern, Kindern, Frauen
	2격 **des** Kindes	2격 **der** Männer, Kinder, Frauen
여성	1격 **die** Frau	
	4격 **die** Frau	
	3격 **der** Frau	
	2격 **der** Frau	

■ 정관사는 이미 소개된 표현을 다시 가리킬 때와, 우주의 유일한 자연대상, 강, 바다, 숲, 산, 별 등의 명칭에 사용한다. 또한 남성, 여성, 복수의 지명과 중성 지명 앞에 형용사가 있으면 정관사를 붙인다.

◈ Dort steht ein Haus.   저기에 집 한 채가 있다.
Das Haus gehört meinem Freund.   그 집은 내 친구의 소유이다.

- die Alpen 알프스 산맥 : 복수
- die Elbe 엘베 강
- die Erde 지구
- der Sudan 수단
- die Türkei 터키
- der Atlantik 대서양
- die Venus 금성
- die Schweiz 스위스
- der Libanon 레바논
- die Niederlande 네덜란드 : 복수

❷ 정관사류

■ 독일어에는 정관사와 같은 어미변화를 하는 한정사들이 있는데, 이것을 정관사류라 한다.

지시대명사 : dieser 이, jener 저, solcher 그와 같은
부정수사　 : aller 모든, jeder 각, mancher 많은
의문대명사 : welcher 어느

dieser			
1격	dieser Lehrer	diese Frau	dieses Kind
4격	diesen Lehrer	diese Frau	dieses Kind
3격	diesem Lehrer	dieser Frau	diesem Kind
2격	dieses Lehrers	dieser Frau	dieses Kindes

◈ Der Onkel dieses Schülers ist reich.　　이 학생의 삼촌은 부자이다.
　 Aller Anfang ist schwer.　　　　　　　모든 시작은 힘들다, 시작이 반이다.
　 Der Polizist liebt diese Frau.　　　　　그 경찰관은 이 여인을 사랑한다.

❸ 부정관사 der unbestimmte Artikel

부정관사 + 명사			
	남성	중성	여성
1격	ein　 Mann	ein　 Kind	eine　 Frau
4격	einen Mann	ein　 Kind	eine　 Frau
3격	einem Mann	einem Kind	einer Frau
2격	eines Mannes	eines Kindes	einer Frau

■ 부정관사는 처음 소개된 단어, 막연한 사물을 지칭할 때, '하나'라는 뜻으로 쓰일 때 사용된다.

◈ Das ist eine Bluse. Die Bluse ist preiswert.　　이것은 블라우스다. 그 블라우스는 가격이 저렴하다.
　 Kannst du mir einen Kugelschreiber leihen?　　너 나한테 볼펜 하나 빌려줄 수 있니?
　 Ich habe eine Schwester und zwei Brüder.　　나는 누이 한 명과 형제 두 명이 있다.
　 Er geht ins Schwimmbad einer Universität.　　그는 한 대학의 수영장으로 간다.

❹ 부정관사류

■ 독일어에는 부정관사와 동일한 어미변화를 하는 한정사가 있는데, 이를 부정관사류라 부른 다. 또한 부정관사에는 복수가 없으므로 부정관사류의 복수어미는 정관사 어미를 취한다.

소유 대명사	mein	나의
	dein	너의
	sein	그의
소유 대명사	sein	그것의
	ihr	그녀의
	unser	우리의
	euer	너희들의
	ihr(Ihr)	그들의 [당신(들)의]

◆ Das ist mein Bruder. 이 사람은 나의 형제이다.
Mein Bruder heiratet deine Schwester. 나의 남자 형제가 너의 누이와 결혼한다.

부정관사류(kein) + 명사		
	단수	복수
남성	1격 **kein** Mann	
	4격 **keinen** Mann	
	3격 **keinem** Mann	
	2격 **keines** Mannes	
중성	1격 **kein** Kind	**keine** Männer, Kinder, Frauen
	4격 **kein** Kind	**keine** Männer, Kinder, Frauen
	3격 **keinem** Kind	**keinen** Männern, Kindern, Frauen
	2격 **keines** Kindes	**keiner** Männer, Kinder, Frauen
여성	1격 **keine** Frau	
	4격 **keine** Frau	
	3격 **keiner** Frau	
	2격 **keiner** Frau	

◆ Das ist keine Birne, sondern ein Apfel. 이것은 배가 아니라 사과이다.
Er ist kein Richter, sondern ein Anwalt. 그는 판사가 아니라 변호사이다.

kein의 용법

■ kein은 ein + 명사를 부정한다.
- ❧ Hast du *einen Bruder?*   너는 형제가 있니?
     Nein, ich habe *keinen Bruder.*   아니, 나는 형제가 없다.

■ kein은 관사없는 명사도 부정할 수 있다.
- ❧ Braucht sie *Geld?*   그녀가 돈이 필요하니?
     Nein, sie braucht *kein Geld.*   아니, 그녀는 돈이 필요하지 않아.

■ kein은 복수명사와도 결합할 수 있다.
- ❧ Ich habe *keine* Freunde, die mich jetzt betreuen können.
  나는 지금 나를 돌봐 줄 수 있는 그 어떤 친구들도 없다.

❺ 관사를 사용하지 않는 경우

■ 부정관사의 복수형
- ❧ Haben Sie Kinder?   당신은 아이들이 있습니까?

■ 이름
- ❧ Das ist Peter.   이 사람은 페터이다.

■ 도시명, 국가명, 대륙명
- ❧ Ich wohne in 「Seoul / Korea / Asien」.   나는 「서울 / 한국 / 아시아」에 산다.

■ 전치사를 사용하지 않는 시간표시
- ❧ Ich komme nächste Woche.   나는 다음 주에 온다.

■ 직업명
- ❧ Er ist Arzt.   그는 의사이다.

■ 국적
- ❧ Sie ist Koreanerin.   그녀는 한국인이다.

■ 양 부피 무게를 나타내는 명사
- ❧ Bring bitte zwei Kilo Kartoffeln mit!   감자 2킬로 좀 갖고 올래!

■ 물질, 소재
- ❧ Die Bluse ist aus Baumwolle.   그 블라우스는 면으로 만들어졌다.

■ 부정확한 양
- ❧ Brauchst du noch Geld?   너는 여전히 돈이 필요하니?

◈ Ende gut, alles gut.　　　　　　　끝이 좋으면 모든 것이 좋다.

2. 동사의 격지배

❶ 3격 지배동사

• antworten 대답하다	• begegnen 만나다
• folgen 따르다	• gehören ～에 속하다
• gefallen ～의 마음에 들다	• gelingen 성공하다
• gratulieren ～에게 축하하다	• zuhören 경청하다
• schaden ～에 해가 되다	• schmecken ～에게 맛이 좋다
• fehlen ～에게 ～이 없다	• passen ～에게 맞다
• stehen ～에게 어울린다	• helfen 돕다
• danken 감사하다	• gehorchen 복종하다

■ 위의 3격지배 동사들은 크게 두 부류로 나누어진다.
　첫 번째 부류에서는 주어와 3격 목적어가 둘 다 사람인 경우이다.
　　◈ antworten, begegnen, gratulieren, helfen, zuhören

■ 두 번째 부류에는 주어가 대개 사물인 경우이며 3격 목적어는 이 사물을 경험하거나 소유
　하는 사람이다.
　　◈ gehören, passen, schaden, schmecken, stehen, fehlen, gefallen

첫 번째 부류

◈ Der Schüler antwortet seiner Lehrerin.　　학생이 여선생님에게 대답한다.
　Der Schüler antwortet auf die Frage.　　학생이 그 질문에 답한다. 전치사 auf + 4격에 주의
　Er begegnet seinem Freund auf der Straße.　그는 길에서 그의 친구를 우연히 만난다.
　Ich danke meiner Freundin für ihren Brief.　나는 여자친구에게 그녀의 편지에 대해 고마워한다.
　Der Hund folgt der Blutspur im Schnee.　개가 눈 속의 피 흔적을 쫓는다.
　Inge hilft ihrer Mutter.　　잉에가 그의 어머니를 돕는다.

두 번째 부류

◈ Das Buch gehört unserem Lehrer.　　그 책은 우리 선생님의 것이다.
　Der Ball gefällt meinem Sohn.　　그 공이 나의 아들의 마음에 든다.
　Mir fehlt ein Buch.　　나에게는 책이 하나 모자란다.
　Diese Hose passt mir nicht.　　이 바지는 나에게 맞지 않는다.

Rauchen schadet deiner Gesundheit.   흡연은 너의 건강을 해친다.
Schmeckt Ihnen der Fisch?   생선이 맛이 있습니까?
Blau steht dir gut.   파란색이 너에게 잘 어울린다.

❷ 4격 지배동사 : 대부분의 타동사는 4격 목적어를 요구한다.

• nehmen 집다	• lesen 읽다	• fragen 묻다
• schlagen 때리다	• essen 먹다	• trinken 마시다

◈ Ein Schauspieler nimmt einen Kassettenrekorder.   배우가 카세트레코더를 집는다.
Die Sekretärin liest einen Roman.   여비서가 소설책 한 권을 읽는다.
Eine Frau fragt mich nach dem Weg.   한 여자가 나에게 길을 묻는다.
Der Dieb schlägt einen Polizisten.   도둑이 경찰 한 명을 때린다.
Der Richter isst eine Banane.   판사가 바나나 하나를 먹는다.
Ein Anwalt trinkt ein Glas Bier.   변호사가 맥주 한 잔을 마신다.

❸ 3·4격 지배동사

• bringen 가져오다	• erklären 설명하다	• geben 주다
• kaufen 사다	• schenken 선물하다	• schreiben 쓰다
• schicken 보내다	• senden 보내다	• zeigen 보여주다

◈ Ich bringe meinem Vater eine Krawatte.   나는 아버지에게 넥타이 하나를 가져다 드린다.
Wir geben unserem Lehrer ein Geschenk.   우리는 선생님께 선물을 준다.
Er kauft seinem Sohn ein Fahrrad.   그가 그의 아들에게 자전거를 사준다.
Sie schickt ihrer Freundin einen Brief.   그녀는 그녀의 친구에게 편지를 보낸다.

❹ 전치사와 함께 쓰이는 동사

■ sich^4 ärgern + über + 4격 ~에 대해서 화내다
    ◈ Ich ärgere mich immer über die laute Musik.   나는 그 시끄러운 음악에 항상 화가 난다.

■ jn. bitten + um + 4격 ~에게 ~을 요청하다
    ◈ Ich bitte dich um einen Rat.   나는 너에게 조언을 청한다.

■ jm. danken + für + 4격 ~에게 ~에 대해서 감사하다
    ◈ Ich danke Ihnen für die schönen Blumen.   나는 당신이 아름다운 꽃을 주신 것에 대해 감사합니다

■ denken + an + 4격 ~를 생각하다
　　◈ Ich denke immer nur an dich.　　　　　　　　　　나는 항상 너만 생각한다.

■ denken über + 4격 ~에 대해서 생각하다
　　◈ Was denken Sie über die deutsche Außenpolitik?
　　　당신은 독일의 외교정책에 대해서 어떻게 생각하십니까?

■ sich⁴ erholen + von + 3격 ~에서부터 회복하다
　　◈ Ich habe mich noch nicht von dieser Krankheit erholt.　나는 아직도 이 병에서 회복하지 못했다.

■ sich⁴ erinnern + an + 4격 ~을 회상하다
　　◈ Ich erinnere mich gern an meine Kindheit.　　　나는 나의 유년시절을 즐겨 회상한다.

■ jn. erinnern + an + 4격 ~에게 잊지 않도록 상기시키다
　　◈Erinnern Sie mich bitte an meine Tasche.　　　나에게 내 가방을 잊지 않도록 상기시켜 주세요.

■ sich⁴ freuen + auf + 4격 ~을 고대하다 : 미래의 일
　　◈ Ich freue mich auf meinen Urlaub nächste Woche.　나는 다음 주의 휴가를 고대한다.

■ sich⁴ freuen über + 4격 ~에 대해서 기뻐하다 : 현재 또는 과거의 일
　　◈ Wir haben uns sehr über euren Besuch gefreut. 우리는 너희들의 방문에 매우 기뻤다.

■ gehören + zu + 3격 ~에 속하다
　　◈ Dies gehört nicht zu meinen Aufgaben.　　　이것은 나의 과제에 포함되지 않는다.

■ sich⁴ gewöhnen + an + 4격 ~에 익숙해지다
　　◈ Langsam gewöhne ich mich an das feuchte Klima hier.
　　　　　　　　　　　　　　　　　　　　　　점차 나는 여기의 습한 기후에 적응한다.

■ jn. halten + für + 4격 ~를 ~라고 여기다
　　◈ Ich halte ihn für einen guten Menschen.　　　나는 그를 좋은 사람으로 간주한다.

■ etw.⁴ halten + von + 3격 ~에 대해 평가하다
　　◈ Ich halte nichts von diesem Vorschlag.　　　나는 이 제안을 아주 형편없다고 생각한다.

■ sich⁴ interessieren + für + 4격 ~에 흥미가 있다
　　◈ Ich interessiere mich sehr für dieses Fach.　　나는 이 분야에 매우 흥미가 있다.

■ sich kümmern + um + 4격 ~에 대해 신경을 쓰다
　　◈ Sie kümmert sich immer sehr um ihre Gäste.　그녀는 항상 그녀의 손님들에게 매우 신경을 쓴다.

■ nachdenken + über + 4격 ~에 대해 숙고하다
　　◈ Ich werde über Ihren Vorschlag nachdenken.　나는 당신의 제안에 대해 숙고하겠습니다.

- ■ teilnehmen + an + 3격 ~에 참가하다
  - ◈ Wie viele Leute haben an dem Kurs teilgenommen? 얼마나 많은 사람들이 과정에 참가했습니까?

- ■ sich⁴ vorbereiten + auf + 4격 ~을 준비하다
  - ◈ Ich muss mich noch auf die Konferenz vorbereiten. 나는 아직 회의를 준비해야만 한다.

- ■ warten + auf + 4격 ~를 기다리다
  - ◈ Wir warten seit Tagen auf einen Brief von ihr. 우리는 며칠 전부터 그녀의 편지를 기다리고 있다.

Vertiefungsstufe ··· 심화학습

- ◦ sich⁴ konzentrieren auf + 4격 ~에 전념하다

  Ich kann mich heute nicht auf meine Arbeit konzentrieren.
  나는 오늘 내 일에 몰두할 수가 없다.

3. 명사 Substantiv

❶ 명사의 성·수·격

- ■ 성 Genus 에는 남성 m · 여성 f · 중성 n 이 있다. 이 문법범주는 자연성과 문법성으로 나누어진다. 특히 문법성에 대한 확실한 규칙을 찾기는 힘들다.

- ■ 자연성

	단수	복수
남성	der Bruder 형제	die Brüder 형제들
여성	die Nichte 질녀	die Nichten 질녀들
중성	das Kind 아이	die Kinder 아이들

- ■ 문법성

남성	der Löffel 숟가락
여성	die Gabel 포크
중성	das Messer 칼

주의 문법성에서 총칭을 나타내는 단어들은 주로 중성명사이다.

- das Besteck 한 벌의 식사용 수저　　　das Fahrzeug 차량
- das Obst 과일　　　　　　　　　　　das Gemüse 채소

주의 또한 불특정한 것, 애매모호한 것들도 중성을 띄는 경향이 있다.

- das Ding 사물, 것　　　　　　　　　das Gebilde 구성물, 형성물
- das Element 원소　　　　　　　　　das Gerät 도구, 집기

남성명사 Maskulinum

▨ 직업명, 요일명, 월, 계절, 방위명, 동물이름, 산이름, 술이름, 동사의 어간은 남성명사에 해당한다.

- der König 왕
- der Professor 교수
- der Student 대학생
- der Montag 월요일
- der Mai 5월
- der Frühling 봄
- der Süden 남쪽
- der Löwe 사자
- der Brocken 브로켄 산
- der Wein 포도주
- der Anfang 시작 ← anfangen 시작하다
- der Schein 빛, 허상 ← scheinen 빛나다, ~같이 보인다

여성명사 Femininum

▨ –cht, –enz, –in, –ung, –heit, –keit, –schaft, –ei, –ie, –ik, –ion 등의 어미로 끝나는 명사, 강이름, 배, 비행기 이름도 여기에 속한다.

- die Furcht 두려움
- die Differenz 차이
- die Richterin 여판사
- die Schönheit 미
- die Freundschaft 우정
- die Partei 정당
- die Familie 가족
- die Klinik 진료소
- die Nation 민족공동체
- die Donau 도나우 강, die Elbe 엘베 강, die Oder 오더 강 ← 강 이름
- die Rostock 로슈톡 호, die Boeing 보잉 여객기 ← 배, 비행기 이름

주의 der Rhein

중성명사 Neutrum

■ -chen, -lein과 같은 축소형 어미로 끝나는 명사

> • das Häuschen 작은 집   • das Büchlein 소책자

■ Ge-로 시작하는 집합명사

> • das Gebirge 산악   • das Gerede 잡담
> • das Gebäude 건물

■ 동사의 부정형이 명사화된 경우

> • das Essen 식사 ← essen 먹다

■ 금속명, 호텔명, 지명

> • das Gold 금   • das Astoria 아스토리아 호텔
> • (das heutige) Korea (오늘날의) 한국

■ -ett, -il, -ma, -o, -(m)ent, -um으로 끝나는 외래어

> • das Kabinett 내각   • das Ventil 통풍장치
> • das Drama 희곡   • das Konto 구좌
> • das Dokument 서류   • das Zentrum 중심
> • das Museum 박물관

■ 수 Numerus 에는 단수 Singular 와 복수 Plural 가 있다.
  자연성의 예 참조

> • der Sohn 아들   →   die Söhne 아들들
> • der Tag[taːk] 낮   →   die Tage[taːgə] 낮들
> • der Mann 남자   →   die Männer 남자들
> • das Wort 단어   →   die Wörter 단어들
>   die Worte 사상 표현으로서의 말

■ 명사의 격은 1격 Nominativ, ～이,～가, 2격 Genitiv, ～의, 3격 Dativ, (4격과 함께 쓰인 문장에서) ～에게, 4격 Akkusativ, ～을/를 이 있다.

❷ 명사 변화의 특징

■ 여성명사의 단수 2격에서는 어미가 붙지 않는다.
  ◈ Der Himmel der Stadt ist grau.   도시의 하늘은 회색이다.

■ 남성이나 중성명사의 단수 2격은 어미 –(e)s를 갖는다.
  ◈ Der Onkel ist der Bruder des Vaters.   삼촌은 아버지의 형제이다.

■ 명사의 복수 3격은 –n으로 끝난다. 단, 복수어미가 s인 외래어는 제외
  ◈ Die Kinder gehorchen den Lehrern.   아이들이 선생님들에게 순종한다.
    In den Autos findet man eine Bremse.   자동차들에서 브레이크를 볼 수 있다.

■ 남성을 지칭하는 명사 + 여성어미 –in = 여성명사

> • der Sekretär → die Sekretärin → die Sekretärinnen
>   비서   여비서   여비서들…pl.
> : –in으로 끝나는 여성명사는 복수형어미인 –nen을 취한다.

❸ 2격명사구

■ 2격은 수식 받는 명사 뒤에 온다.

	2격	
der Wagen	meines Freundes	내 친구의 자동차
die Kinder	seiner Schwester	그의 누이의 아이들
die Häuser	dieser Stadt	이 도시의 집들

예외 고유명사의 2격표현은 수식하는 명사 앞에 온다.
    '고유명사 + s + 수식받는 명사'의 형식이다.

◈ Beethovens Symphonien   베토벤의 교향곡들
  Utes Freundin   우테의 여자친구
  Kurts Großmutter   쿠르트의 할머니

❹ 명사변화의 유형

불규칙 1식

단수 2격	복수 1격
-s	(¨)

문장에서			1격	4격	3격	2격
Vater m. -s, ¨ 아버지	¨	단수	der Vater	den Vater	dem Vater	des Vaters
		복수	die Väter	die Väter	den Vätern	der Väter
Mutter f. ¨, 어머니		단수	die Mutter	die Mutter	der Mutter	der Mutter
		복수	die Mütter	die Mütter	den Müttern	der Mütter
Fenster n. -s, - 창문		단수	das Fenster	das Fenster	dem Fenster	des Fensters
		복수	die Fenster	die Fenster	den Fenstern	der Fenster

◈ Der Vater kocht der Mutter Abendessen.　아버지가 어머니에게 저녁을 요리해 준다.
　Die Mutter macht das Fenster auf.　어머니가 창문을 여신다.

불규칙 2식

단수 2격	복수 1격
-(e)s	(¨)e

문장에서			1격	4격	3격	2격
Baum m. -(e)s, ¨e 나무		단수	der Baum	den Baum	dem Baum(e)	des Baum(e)s
		복수	die Bäume	die Bäume	den Bäumen	der Bäume
Stadt f. ¨e, 도시		단수	die Stadt	die Stadt	der Stadt	der Stadt
		복수	die Städte	die Städte	den Städten	der Städte
Heft n. -(e)s, -e 공책		단수	das Heft	das Heft	dem Heft(e)	des Heft(e)s
		복수	die Hefte	die Hefte	den Heften	der Hefte

◈ Die Stadt pflanzt viele Bäume.　그 도시는 나무를 많이 심는다.
　Die Schülerin bringt die Hefte.　그 여학생이 노트들을 가져온다.

단수 2격	복수 1격
-(e)s	(ˍ̈)er

문장에서		1격	4격	3격	2격
Mann m. -(e)s, ˍ̈er 남자	단수	der Mann	den Mann	dem Mann(e)	des Mann(e)s
	복수	die Männer	die Männer	den Männern	der Männer
Haus n. -(e)s, ˍ̈er 집	단수	das Haus	das Haus	dem Haus	des Hauses
	복수	die Häuser	die Häuser	den Häusern	der Häuser

❖ Der Mann aus Japan wohnt in diesem Haus.
　 Kennen Sie diesen Mann?

일본에서 온 남자가 이 집에서 산다.
이 남자를 아세요?

규칙동사

단수 2격	복수 1격
-(e)n	-(e)n

문장에서		1격	4격	3격	2격
Mensch m. -en, -en 인간	단수	der Mensch	den Menschen	dem Menschen	des Menschen
	복수	die Menschen	die Menschen	den Menschen	der Menschen
Frau f. -en 부인	단수	die Frau	die Frau	der Frau	der Frau
	복수	die Frauen	die Frauen	den Frauen	der Frauen

▨ Mensch와 같은 규칙동사 n-Deklination 에 해당하는 명사

- der Junge 청년
- der Student 대학생
- der Kollege 동료
- der Polizist 경찰관
- der Präsident 대통령
- der Tourist 관광객
- der Journalist 신문기자

❖ Der Polizist verhaftet eine Frau.
　 Das Kind küsst den Polizisten.
　 Der Präsident gibt den Frauen einen Ring.

경찰관은 여자 한 명을 체포한다.
그 아이가 경찰관에게 키스를 한다.
대통령이 여자들에게 반지 하나를 준다.

혼합변화

단수 2격	복수 1격
-(e)s	-(e)n

문장에서		1격	4격	3격	2격
Professor m. -s, en 교수	단수	der Professor	den Professor	dem Professor	des Professors
	복수	die Professoren	die Professoren	den Professoren	der Professoren
Auge n. -s, -n 눈	단수	das Auge	das`Auge	dem Auge	des Auges
	복수	die Augen	die`Augen	den Augen	der Augen

◈ Der Professor untersucht das Auge des Patienten mit Vorsicht.
그 교수는 그 환자의 눈을 조심스럽게 들여다 본다.

명사의 불규칙 변화

수	격	Herr 신사	Name 이름	Kino 영화관	Kaufmann 상인
단 수	1.	der Herr	der Name	das Kino	der Kaufmann
	4.	den Herr*n*	den Name*n*	das Kino	den Kaufmann
	3.	dem Herr*n*	dem Name*n*	dem Kino	dem Kaufmann
	2.	des Herr*n*	des Name*ns*	des Kino*s*	des Kaufmann*s*
복 수	1.	die Herr*en*	die Name*n*	die Kino*s*	die Kauf*leute*
	4.	die Herr*en*	die Name*n*	die Kino*s*	die Kauf*leute*
	3.	den Herr*en*	den Name*n*	den Kino*s*	den Kauf*leuten*
	2.	der Herr*en*	der Name*n*	der Kino*s*	der Kauf*leute*

◈ Der Junge spricht mit Herrn Mauer.   그 소년은 마우어 씨와 이야기한다.
Wir gehen heute Abend ins(=in das) Kino.   우리는 오늘 저녁 영화를 보러 간다.

Name처럼 변화하는 명사

• der Friede 평화   • der Buchstabe 철자   • der Affe 원숭이

Kino처럼 변화하는 명사

• der Chef 우두머리   • das Auto 자동차
• das Büro 사무실   • das Sofa 소파
• das Hotel 호텔   • das Restaurant 음식점

A 빈 칸에 적당한 소유대명사를 넣으시오.

1. Nein, Kinder, jetzt könnt ihr noch nicht spielen gehen. Ihr müsst zuerst
   (   ) Zimmer aufräumen.

2. (   ) Lehrer gibt uns immer zu viele Hausaufgaben.

3. Ich kann leider nicht mitkommen. (   ) Fahrrad ist kaputt.

4. Hans ist immer noch krank. (   ) Halsschmerzen(pl.) sind immer noch da.

B 오른쪽 끝의 소유대명사를 참조하여 빈 칸을 적절하게 채우시오.

1. Ich schenke (   ) Tochter ein Fahrrad.   mein-

2. Er erzählt (   ) Kind eine Geschichte.   sein-

Lösung

A 1. aufräumen 청소하다
   4. er → sein

B 1. schenken ~에게 ~을 선사하다
   2. erzählen 이야기를 들려 주다

A 1. euer   2. Unser   3. Mein   4. Seine

B 1. meiner   2. seinem

C 필요한 경우에 밑줄 친 부분에 어미를 보충하시오.

1. Morgen gehe ich mit meinen Kinder___ in die Stadt.
2. Du darfst den Ball nicht mitnehmen.
   Er gehört dem Mädchen___ dort.
3. Wir feiern am Ende der Klasse___.
4. Ich besuche dich Anfang des Monat___.
5. Im Tierpark sehe ich einen Affe___.
6. Ich kann mich nicht an den Name___ meines Kollegen erinnern.

D 빈 칸에 필요한 경우 적당한 정관사나 부정관사를 넣으시오.

1. Dieses Hemd ist aus _____ Seide.
2. Meine Mutter ist _____ Schauspielerin.
3. Wollen Sie jetzt einkaufen gehen?
   Ich brauche noch _____ Butter, _____ Apfel und _____ Flasche Orangensaft.
4. Gib mir bitte _____ Brigitte _____ Buch!
5. A : Sollen wir noch in _____ Restaurant gehen?
   B : Tut mir Leid, aber ich habe kein Geld dabei.
   A : Macht nichts, ich lade dich ein, ich habe genug _____ Geld dabei.
   B : Das ist sehr nett von dir. Ich esse gern _____ Spaghetti.

C   3. feiern 축제를 벌이다.
    5. Affe m. 원숭이
    6. sich⁴ an etw.⁴ erinnern ~을 기억(회상)하다

D   5. (Das) macht nichts 상관없어, 괜찮아

C   1. n 2. × 3. ×   4. s 5. n 6. n

D   1. × 2. × 3. ×,×, eine 4. ×, das 또는 ein
    5. s/das 또는 ein, ×, ×

E 다음 빈 칸에 알맞은 것은?

1. Inge gibt (　　　　) die Blumen.
　① ihrem Mutter　　② seiner Vater　　③ der Bruders
　④ ihrer Schwester　　⑤ deinem Nichte

2. Maria gibt (　　　　　　　　).
　① ihrem Freund einen Kuss
　② seines Freundes einem Ball
　③ kein Vetter ein Ring
　④ ihrem Mann ein Hund
　⑤ ihrer Freundin einen Halskette

3. Thomas schreibt (　　　　　　　　).
　① ihrem Schwester die Suppe
　② ihrer Tante einen Rucksack
　③ eurem Bruder einen Grammatik
　④ Ihrem Freundin eine Schallplatte
　⑤ seinem Lehrer einen Brief

E　2. f. Halskette 목걸이　　　　**E**　1. ④　2. ①　3. ⑤

F 다음 물음에 답하시오.

1. 다음 빈 칸에 들어갈 적당한 단어를 고르시오.

   In (   ) Stadt in Deutschland gibt es ein Arbeitsamt.

   ① kein   ② jeder   ③ solchem   ④ manche   ⑤ alle

2. 다음 빈 칸에 올 수 없는 단어를 고르시오.

   Ich (   ) meiner Freundin.

   ① helfe   ② begegne   ③ antworte   ④ gehorche   ⑤ frage

3. 다음 중 틀린 문장은?

   ① Der Bundeskanzler Schröder trifft seinen Sekretär.

   ② Der Präsident antwortet die Frage.

   ③ Die Anwältin arbeitet auf dem Gericht.

   ④ Claire erzählt ihren Freunden von ihrer Reise nach Deutschland.

   ⑤ Ernst schenkt seiner Mutter ein Buch.

F 1. es gibt + 4격 : ~이 있다.
      in + 3격 명사 : ~에 (장소)
      s. Arbeitsamt 노동청/직업소개소
   2. fragen + 4격
   3. auf + 공공장소 : 에서 3격 사람 + erzählen :
      ~에게 이야기해 주다.
      s. Gericht 법원

F 1. ②   2. ⑤   3. ②

5 전치사 Präposition

전치사는 변화하지 않는 품사이며, 항상 다른 명사나 대명사와 함께 나타나고 이들의 격을 지배한다. 여러 전치사들은 격을 2개 지배할 수도 있다. 전치사들은 대개 지배된 단어의 앞에 와서 전치사구를 형성한다.

1. 3격 지배 전치사

aus	außer	bei
mit	seit	zu
gegenüber	von	nach

① **aus** 안에서 밖으로, ~의 출신인, ~로부터

◈ Der Tennisspieler kommt aus der Türkei.　　그 테니스 선수는 터키 출신이다.
　Das Kind wirft die Bonbons aus dem Fenster.　그 아이는 사탕을 창 밖으로 던진다.

② **außer** ~을 제외하고

◈ Außer dir habe ich keinen Freund.　　너를 제외하고는 나는 친구가 없다.

③ **bei** ~집에서, ~근처에

◈ Er ist beim(=bei dem) Arzt.　　그는 병원에 있다–의사의 진찰을 받고 있다.
　Silvia wohnt bei mir.　　실비아는 우리집에 산다.

④ **mit** ~와 함께, ~을 타고

◈ Jens fährt mit dem Auto nach Frankreich.　　옌스는 자동차를 타고 프랑스로 간다.
　Die Großmutter geht mit den Enkelkindern einkaufen.
　　　　　　　　　　　　　　　　　　　할머니는 손자들과 장보러 가신다.

❺ nach ~로 향해서 : 국명, 지명, ~후에, ~에 의하면

　　🔹 Nach dem Tennisspiel fliegt Boris Becker nach Deutschland.
　　　 테니스 경기 후에 보리스 베커는 독일로 날아간다.
　　　 Meiner Meinung nach ist das Experiment gut vorbereitet.
　　　 저의 견해로는 실험이 잘 준비되었습니다.

❻ seit ~이래로

　　🔹 Seit einer Woche bin ich in Bonn.　　　　　일주일 전부터 나는 본에 있다.
　　　 Seit wann sind Sie in Korea?　　　　　　　 언제부터 한국에 계십니까?

❼ von ~로부터

　　🔹 Ich komme gerade von meiner Freundin.　　나는 지금 막 여자친구로부터 오는 길이다.
　　　 Der Bus fährt von Paris über München nach Rom.
　　　 그 버스는 파리를 출발해서 뮌헨을 경유하여 로마로 간다.

❽ zu ~에게로 : 사람, ~로 : 장소 (목적)

　　🔹 Ich fahre jetzt zum(=zu dem) Bahnhof.　　나는 지금 역으로 간다.
　　　 Hans läuft gerade zu ihr.　　　　　　　　　한스는 막 그녀에게 달려간다.
　　　 Wir essen zu Mittag.　　　　　　　　　　　우리는 점심식사를 한다.
　　　 Mein Sohn geht immer zu Fuß in die Schule.　내 아들은 항상 걸어서 학교에 간다.
　　　 Das Fußballspiel zwischen Nationalmannschaften endete mit 1:2 (eins zu zwei).
　　　　　　　　　　　　　　　　　　　　　　　 국가 대표팀 간의 축구경기는 1:2로 끝났다.

❾ gegenüber ~의 건너편에, 맞은편에

　　🔹 Die Bank ist gegenüber der Post.　　　　　은행은 우체국 건너편에 있다.
　　　 = Die Bank ist der Post gegenüber. gegenüber 는 명사 뒤에 놓일 수 있다.

2. 4격 지배 전치사

bis	durch	für	wider
ohne	um	entlang	gegen

❶ bis ~까지

❖ Bis nächsten Oktober müssen wir die Aufgabe erledigen.

우리는 다음 10월까지 그 과제를 마무리해야 한다.

Der Zug fährt bis Frankfurt.   그 기차는 프랑크푸르트까지 간다.

Bis zum 31. sind es noch 6 Tage.   31일까지는 아직 6일이 더 남아 있다.

❷ durch ~까지

❖ Die Katze springt durch das Fenster.   고양이가 창문을 통해서 뛰어 내린다.

Wir fahren durch Österreich nach Ungarn.   우리는 오스트리아를 통해서 헝가리로 간다.

Das Kind läuft durch den Wald nach Hause.   그 아이는 숲을 지나 집으로 달려간다.

❸ für ~을 위해서, ~에 대해서

❖ Bitte gib mir 40 Euro für die Theaterkarten.   연극표를 구하려고 하니 40유로 좀 줘.

Das Hotel ist zu teuer für mich.   그 호텔은 나에게는 너무 비싸다.

Wir gehen für zwei Wochen zum Skifahren.   우리는 2주동안 스키타러 간다.

❹ gegen ~을 향해서, 몇 시경에, ~에 반대해서

❖ Das Auto fährt gegen den Baum.   자동차가 나무를 향해서 달려가 부딪친다.

Ich komme gegen 7 Uhr.   일곱시 경에 갈게.

Ich bin gegen autoritäre Erziehung.   나는 권위적인 교육에 반대한다.

❺ ohne ~없이

❖ Ohne Hut gefällst du mir besser.   네가 모자를 쓰지 않은 게 내 마음에 더 든다.

Sie kommen ohne die Kinder.   그들은 아이들 없이 온다.

❻ um 시간의 때, 몇 시 정각에, ~주위에, ~을 돌아서

- Wir sitzen ums (=um das) Feuer.   우리는 불 가에 앉아 있다.
  Der Zug kommt um 15. 34 Uhr an.   그 기차는 15시 34분 정각에 도착한다.
  Ich fahre um die Stadt.   나는 차로 그 도시를 돌아간다.

❼ entlang ~을 따라서

- Entlang der Straße stehen schöne Kastanienbäume.
      길을 따라서 아름다운 마로니에가 있다.
  Den Fluss entlang standen Autos.
      강을 따라서 자동차들이 서 있었다.

명사 뒤에 올 때는 주로 4격, 명사 앞에 위치할 때는 3격이 원칙.

❽ wider ~에 반대, 반항하여

- Wider die Vorschrift handelte er.   그는 규정에 어긋나게 행동했다.

3. 3·4격 둘 다 취할 수 있는 전치사

in	an	auf	hinter
über	unter	vor	zwischen

■ 3,4격을 둘 다 취할 수 있는 전치사의 경우, 문장 내에서 정지된 상태를 나타내는 상태동사는 전치사 다음에 3격을 취하고, 이동을 나타내는 동작동사는 4격을 취한다.

도착지	장소
wohin? **4격**	wo? **3격**
Stell die Lampe auf den Tisch!	Die Lampe ist auf dem Tisch
램프를 탁자 위에 놓아라!	램프가 탁자 위에 있다.

❶ in 안에, 안으로

◈ Ich liege im Bett.   나는 침대에 누워 있다.
Ich lege mich ins Bett.   나는 침대에 눕는다.
Die Kinder spielen im Garten.   아이들이 정원에서 논다.
Ich gehe jetzt in den Garten.   나는 정원으로 간다.

❷ an 옆에, 옆으로

◈ Das Bild hängt an der Wand.   그림이 벽에 걸려 있다.
Ich hänge das Bild an die Wand.   나는 그림을 벽에 건다.
Köln liegt am Rhein.   쾰른은 라인 강 가에 있다.
Wir fahren ans Meer.   우리는 바닷가로 간다.

❸ auf 위에, 위로

◈ Die Tasse steht auf dem Tisch.   찻잔이 테이블 위에 있다.
Ich stelle die Tasse auf den Tisch.   나는 찻잔을 테이블 위에 놓는다.

❹ hinter 뒤에, 뒤로

◈ Das Kind versteckt sich hinter der Mutter.   아이가 어머니 뒤에 숨는다.
Er stellt den Koffer hinter die Tür.   그는 가방을 문 뒤로 놓는다.

❺ über 위에, 위로

◈ Die Lampe hängt über dem Tisch.   전등이 탁자 위에 걸려 있다.
Ich hänge die Lampe über den Tisch.   나는 전등을 탁자 위에 건다.

❻ unter 아래에, 아래로

◈ Das Buch liegt unter dem Stuhl.   책이 의자 밑에 있다.
Ich lege das Buch unter den Stuhl.   나는 책을 의자 아래에 놓는다.

7 vor 앞에, 앞으로

◈ Vor dem Haus steht ein alter Baum.   집 앞에는 오래된 나무 한 그루가 있다.
Wir stellen das Auto vor die Garage.   우리는 자동차를 차고 앞에 세운다.

8 zwischen 사이에, 사이로

◈ Ich sitze zwischen den beiden Kindern.   나는 두 아이들 사이에 앉아 있다.
Ich setze mich zwischen die beiden Kinder.   나는 두 아이들 사이에 앉는다.

4. 2격을 취하는 전치사

(an)statt	trotz	während	wegen

1 (an)statt ~대신에

◈ Statt des Nachtisches nehme ich eine Tasse Tee.   후식 대신 나는 차 한 잔을 마신다
Er kommt statt seines Bruders.   그는 그의 형제 대신에 온다

2 trotz ~에도 불구하고

◈ Trotz seines Reichtums trägt er immer dieselbe alte Hose.
(Obwohl er reich ist, trägt er immer dieselbe alte Hose.)
    그는 부유함에도 불구하고 항상 똑같은 낡은 바지를 입는다
Wir spielen trotz des Regens Tennis.   우리는 비가 오는데도 불구하고 테니스를 친다.

3 während ~하는 동안

◈ Während des Essens darfst du nicht sprechen.   식사 중에 너는 말을 해서는 안 된다.
Ich arbeite während der Woche.   나는 주 중에 일한다.

④ wegen ~때문에

❧ Wegen des Schnees findet das Fußballspiel nicht statt.

눈이 오기 때문에 축구경기가 열리지 않는다.

Sie bleiben wegen der Erkältung zu Hause.

그들은 감기 때문에 집에 있다.

5. ~로, ~을 향해

❶ nach – 도시와 대부분의 국가

❧ Wir fahren nach Berlin.
Wann reist ihr nach Italien?

우리는 베를린으로 차를 타고 간다.
언제 너희들은 이탈리아로 여행 가니?

❷ zu – 누군가에게 가거나 어떤 장소에 갈 때

❧ Ich gehe heute Abend zu Inge.
Gehen wir jetzt zum Bahnhof?

나는 오늘 저녁에 잉에에게 간다.
우리 지금 역으로 갈까?

❸ in – 관사가 붙는 나라 이름

❧ Wir wollen im Sommer in die Schweiz.
Wir machen eine Reise in die Türkei (in die USA).

우리는 여름에 스위스에 가려고 한다.
우리는 터키로(미국으로) 여행을 한다.

❹ 이외에도 어떤 장소

❧ Kommst du mit ins Konzert?
Ich gehe gern ins Kino.

너도 콘서트에 함께 갈래?
나는 영화관에 즐겨 간다.

6. 장소 전치사 : in, an, auf + 3격 ~에

▪ 사람이나 사물의 위치를 나타낼 때에는 다음과 같은 3격 전치사들을 사용한다.

in	+	dem / einem + 남성, 중성명사
auf	+	der / einer + 여성명사
an	+	den + 복수명사

◆ Karin wohnt in der Stadt.　　　　　　　　　카린은 도시에 산다.
　Stefan und Albert sind auf der Bank.　　　슈테판과 알베르트는 은행에 있다.
　Karins Eltern wohnen in den Bergen.　　　카린의 부모님들은 산 속에서 사신다.

■ 형태와 축약 : 다음 3격의 형태에 유의할 것.

	남성과 중성	여성	복수
3격	dem einem	der einer	den

■ 전치사 in 과 an은 3격 정관사 dem과 결합하여 im과 am의 형태를 띤다.

남성과 중성	여성	복수
im Kino	in der Stadt	in den Bergen
in einem Kino	in einer Stadt	in Bergen
am See	an der Tankstelle	an den Wänden
an einem See	an einer Tankstelle	an Wänden
auf dem Berg	auf der Bank	auf den Bäumen
auf einem Berg	auf einer Bank	auf Bäumen

■ 용례

in … 둘러싸인 장소를 지칭할 때
　• im Supermarkt　　수퍼에서
　• in der Vase　　　꽃병 속에
　• in der Stadt　　　도시에서

an … 수직적 표면·수평적 경계선을 지칭할 대
　• am Fenster　　　창가에서
　• an der Tankstelle　주유소에서
　• am See　　　　　호수에서

auf … 수평적 표면·열린 공간을 지칭할 때. 은행이나 우체국, 경찰서 같은 공공건물에도 사용
　• auf dem Tisch　　탁자 위에서
　• auf dem Herd　　레인지 위에서
　• auf der Bank　　은행에서

A 괄호 안에 적당한 전치사 또는 전치사의 결합형을 쓰시오.

1. Wo wohnen Sie jetzt? Ich wohne (   ) München.
2. Wir gratulieren dir (   ) Geburtstag.
3. Der Zug fährt pünktlich morgens (   ) 6 Uhr ab.

B 다음 빈칸을 그림에 알맞게 적당한 전치사로 채우시오.

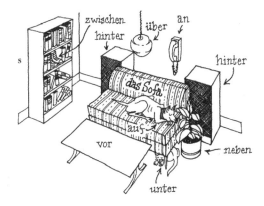

(1) Wohnzimmer steht ein Sofa. (2) dem Sofa stehen zwei große Lautsprecherboxen. (3) der Wand hängt ein Telefon. (4) dem Sofa liegt ein Hund. (5) dem Sofa liegt eine Katze.

(6) dem Sofa steht ein Tisch. (7) dem Sofa hängt eine Lampe.

(8) dem Sofa steht eine große Pflanze. (9) den Büchern liegen Tennisschuhe.

Lösung

A   2. gratulieren+3격+zu ~에게 ~를 축하하다.
      3. abfahren 출발하다

B   2. Lautsprecherbox f. -en 스피커

A   1. in   2. zum   3. um

B   1. Im   2. Hinter   3. An   4. Auf
      5. Unter   6. Vor   7. Über   8. Neben
      9. Zwischen

C in, an, zu, auf와 관사의 적당한 형태를 넣으시오.

1. Kommst du mit mir (　　　) Stadion(n.) zum Fußballspiel?
   - Tut mir Leid, ich habe keine Zeit. Ich fahre mit meiner Familie (　　　) See(m.) zum Baden.

2. Wo haben Sie denn diesen tollen Hut gekauft?
   - (　　　) Kaufhaus(n.) (　　　) Marktplatz(m).

3. Ich muss noch Geld wechseln. Wo kann ich das machen?
   - (　　) Bank(f.).

4. Kinder, warum geht ihr denn bei diesem schönen Wetter nicht (　　　) Park(m.), sondern sitzt den ganzen Tag hier (　　　) Zimmer(n.)?
   - Wir waren heute Vormitta g schon (　　　) Park(m.), und jetzt wollen wir hier (　　　) Wohnung(f.) bleiben und fernsehen.

5. Nächste Woche möchte ich _____ meiner Oma _____ Schweiz fahren. Meine Großeltern wohnen seit 1995 _____ Schweiz.

6. Heute treffe ich _____ Bank meinen Lehrer.

7. Diesen Freitag fliege ich _____ Türkei.

C 1. zum Baden fahren 수영하러 가다
4. nicht A, sondern B A가 아니라, B이다.
5. die Schweiz, die Türkei
6. die Bank

C 1. ins/in das, an den   2. Im, auf dem
3. Auf der   4. in den/zum, im, im, in der
5. zu, in die, in der   6. in der
7. in die

D 다음 빈 칸을 적당한 전치사와 관사로 채우시오(불필요시 채우지 않아도 됨).

1. Die Frau kommt gerade _____ Bäckerei.

2. Heute Abend bleibe ich _____ Hause.

3. Wohin fahren Sie am liebsten in Urlaub? _____ Meer oder _____ Berge?

4. Ernst : Wohin fährst du, Mutti?
   Frau Wagner : Ich fahre in _____ Stadt.

5. Michael : Wohin soll ich mich stellen?
   Maria : Stell dich doch unter _____ Baum.

6. Josef : Warum setzt du dich nicht an _____ Tisch?
   Melanie : Ich sitze hier auf _____ Sofa bequemer.

7. Albert : Ich kann Melanie nicht finden.
   Stefan : Sie sitzt auf _____ Bank im Garten.

D 2. zu Hause bleiben 집에 머물다
   nach Hause gehen 집으로 가다
  5. 3, 4격 전치사
  6. sich⁴ an etw.⁴ setzen ~에 앉다(재귀적 용법)
  7. auf etw.³sitzen ~에 앉다

D 1. aus der   2. zu   3. Ans, in die
  4. die   5. den   6. den, dem
  7. der

8. David : Hallo Ingrid, was machst du denn hier?

Ingrid : Ich komme gerade _____ Büro und bin auf dem Weg nach Hause.

9. - Was haben Sie denn am Wochenende gemacht?

- Am Wochenende war ich _____ meiner Freundin in Dresden.

10. Ich besuche dich morgen _____ Abend. Ist dir das recht?

11. Wir bleiben _____ drei Monate.

12. Ich habe _____ 1985 das Abitur gemacht.

6 형용사 Adjektiv

대부분의 형용사는 명사 앞의 부가어로서 명사를 수식할 경우 그 명사의 성, 수, 격과 일치하여 변화한다. 명사구에서 형용사 앞에 올 수 있는 어형에 따라 형용사의 변화를 구분한다.

형용사는 또한 sein, werden 등과 같은 동사와 결합하여 술어적으로, 또한 일반동사와 결합하여 부사적으로도 사용된다.

1. 규칙변화 정관사/정관사류 + 형용사 + 명사

	남성	여성	중성	복수
1격	der neue Film	die neue Uhr	das neue Haus	die neuen Filme
4격	den neuen Film	die neue Uhr	das neue Haus	die neuen Filme
3격	dem neuen Film	der neuen Uhr	dem neuen Haus	den neuen Filmen
2격	des neuen Films	der neuen Uhr	des neuen Hauses	der neuen Filme

■ 형용사 규칙 어미변화를 도식화하면 다음과 같다.

	남성	여성	중성	복수
1격	- e			
4격		- e		
3격	- en			
2격				

◆ Der intelligente Polizist verhaftet den jungen Mann.
그 영리한 경찰관은 그 젊은이를 체포한다.
Der schönen Frau gefällt der große Ring.
그 큰 반지는 그 아름다운 여인의 마음에 든다.

2. 혼합변화 부정관사/부정관사류 + 형용사 + 명사

	남성	여성	중성	복수
1격	ein neuer Film	eine neue Uhr	ein neues Haus	keine neuen Filme
4격	einen neuen Film	eine neue Uhr	ein neues Haus	keine neuen Filme
3격	einem neuen Film	einer neuen Uhr	einem neuen Haus	keinen neuen Filmen
2격	eines neuen Films	einer neuen Uhr	eines neuen Hauses	keiner neuen Filme

	남성	여성	중성	복수
1격	-er	-e	-es	
4격		-e	-es	
3격	-en			
2격	-en			

◆ Die Richterin wohnt in einem kleinen Dorf.　그 여판사는 한 조그만 마을에 산다.
　 Der Student kauft ein schönes Fahrrad.　그 대학생은 훌륭한 자전거를 산다.

3. 불규칙변화 형용사 + 명사

	남성	여성	중성	복수
1격	neuer Film	neue Uhr	neues Haus	neue Filme
4격	neuen Film	neue Uhr	neues Haus	neue Filme
3격	neuem Film	neuer Uhr	neuem Haus	neuen Filmen
2격	neuen Films	neuer Uhr	neuen Hauses	neuer Filme

◆ Ich esse gern frisches Obst.　나는 신선한 과일을 즐겨 먹는다.
　 Ich esse gern deutsche Schokolade.　나는 독일 쵸코렛을 즐겨 먹는다.
　 Ich liebe den Geruch frischen Kaffees/ Biers.　나는 신선한 커피 / 맥주 향을 좋아한다.

4. 명사로 사용되는 형용사와 분사

❶ **명사화된 형용사와 분사는 형용사처럼 어미 변화한다.**

Angestellte 직원, 고용인 의 예

유형 I (정관사 + 명사화된 분사)

	남성	여성	복수형
1격	der Angestellte	die Angestellte	die Angestellten
4격	den Angestellten	die Angestellte	die Angestellten
3격	dem Angestellten	der Angestellten	den Angestellten
2격	des Angestellten	der Angestellten	der Angestellten

유형 II (부정관사 + 명사화된 분사)

	남성	여성	복수형
1격	ein Angestellter	eine Angestellte	Angestellte
4격	einen Angestellten	eine Angestellte	Angestellte
3격	einem Angestellten	einer Angestellten	Angestellten
2격	eines Angestellten	einer Angestellten	Angestellter

❷ **위와 같이 변화하는 현재분사와 과거분사로 된 명사들**

명사화된 현재분사

- der/die Abwesende   불참석자
- der/die Anwesende   참석자
- der/die Reisende   여행자 (등등...)

명사화된 과거분사

- der/die Verheiratete   결혼한 사람
- der/die Betrunkene   술 취한 사람
- der/die Gefangene   포로 (등등...)

Übungen

A 다음 빈칸에 형용사의 적당한 형태를 넣으시오.
(문장의 끝에 있는 형용사를 참고하시오.)

1. Gibt es hier ein französisches Restaurant?
   - Nein, nur ein (　　　　　).   **deutsch**

2. Hörst du immer diese (　　　) Rockmusik?   **laut**
   - Nein, fast nie. Meistens höre ich (　　　　) Musik.   **klassisch**

3. Kaufst du jede (　　) CD von Michael Jackson?   **neu**
   - Nein, ich kaufe nur die (　　　　).   **gut**

4. Warum ziehst du nicht deine (　　　　) Schuhe an?   **warm**
   - Weil ich lieber meine (　　　) anziehen möchte.   **neu**

5. Nimm doch noch ein Stück von ihrem (　　　　) Kuchen!   **gut**
   - Nein, danke, ich bin wirklich satt.

6. Kann man am Sonntag in Deutschland (　　　　) Brot kaufen?   **frisch**
   - Nein, leider nicht.

Lösung

A 2. meistens : 대개
　　Musik f.: 음악
　4. anziehen : 옷을 입다(분리동사)
　6. kaufen : ~을 사다

A 1. deutsches   2. laute, klassische
　3. neue, guten   4. warmen, neuen
　5. guten   6. frisches

B 아래의 질문은 한나가 그의 여자친구의 패션에 대해 하는 비평입니다. 적당한 어미를 채우시오.

1. Warum trägst du eine grün___ Hose mit einer violett___ Bluse?

2. Warum trägst du im Sommer diese dick___ Strümpfe?

3. Warum kaufst du nie ein modern___ Kleid?

4. Warum trägst du einen gelb___ Mantel mit einem rot___ Hut?

5. Warum trägst du keinen schick___ Minirock mit deinen schön___ Beinen?

6. Warum gehst du nicht mit deiner gut___ Freundin Hanna einkaufen?

B 1. Hose, Bluse f.
2. der Strumpf : 양말 die Strümpfe (pl.)
4. Mantel m. : 외투
6. einkaufen : 쇼핑하다

B 1. e, en   2. en
3. es   4. en, en
5. en, en   6. en

7 명령법 Imperativ

독일어에는 3개의 화법 Modus 이 있으며 일정한 동사형에 의해 표시된다. 직설법 Indikativ, 접속법 Konjunktiv 과 명령법 Imperativ 이 그것이다. 이 과에서는 명령법을 중심으로 문장의 종류에 대해 알아 본다.

1. 평서문 만들기

제1성분 +	정동사	→ 나머지 문장성분
• Heute Abend 오늘 저녁에 한스가 온다.	*kommt*	Hans.
• Seit April 3월부터 그녀는 그녀의 아주머니집에 산다.	*wohnt*	sie bei ihrer Tante.
• Diese Studenten 이 대학생들은 시간이 없었다.	*haben*	keine Zeit gehabt.
• Ich 나는 나의 신발을 찾을 수가 없다.	*kann*	meine Schuhe nicht finden.

2. 의문문 만들기

❶ 긍정, 부정의 대답을 요구하는 Ja/Nein 의문문

동사 +	주어	→ 나머지 문장성분
• Kommt 그가 오니?	*er?*	
• Wohnen 당신은 베를린에 사십니까?	*Sie*	in Berlin?
• Müsst 너희들은 가야만 하니?	*ihr*	gehen?

❷ 의문사가 있는 의문문

(전치사) + 의문사 +	정동사	→ 나머지 문장성분
• Was	*trinkst*	du gern?
무엇을 즐겨 마시니?		
• Warum	*sagen*	Sie das?
왜 그것을 말씀하십니까?		
• Für wen	*arbeiten*	Sie denn?
누구를 위해 일하십니까?		

의문사

- wann 언제
- was 무엇을
- wo 어디서
- warum 왜
- wie 어떻게
- wen 누구를
- wer 누가

3. 명령문

❶ 명령문의 용법

■ 요청
- ◈ Kommen Sie bitte hierher!   이 쪽으로 좀 오십시오.
  Leih mir bitte mal dein Wörterbuch!   나에게 네 사전 좀 빌려줘!

■ 충고
- ◈ Trink nicht soviel Alkohol!   술을 너무 많이 마시지 마라!
  Geh doch mal wieder schwimmen!   다시 수영하러 가봐!

■ 상대방이 Sie일때 Sie-명령문
- ◈ Setzen Sie sich doch!   좀 앉으세요!
  Nehmen Sie doch noch ein Stück Kuchen!   케익 한 조각 좀 더 드세요!

■ 상대방이 du일때 du-명령문
- ◈ Mach sofort das Fenster zu!   창문을 즉시 닫아라!
  Geh weg!   가버려!

❷ 명령문의 종류 및 형태

■ 존칭 Sie-명령문 : ~하십시오

동사부정형 + Sie		→ 나머지 문장성분
• Warten	*Sie*	ein bisschen!
조금만 기다리세요!		
• Lesen	*Sie*	das Buch!
그 책을 읽으세요!		

■ wir-명령문 권유, 제안 : ~합시다, ~하자

동사부정형 + wir		→ 나머지 문장성분
• Sprechen	*wir*	über unsere Probleme!
우리들의 문제에 대해서 이야기합시다!		
• Gehen	*wir*	nach Hause!
집으로 갑시다!		

■ ihr-명령문 인칭대명사 없음 : ~하여라 복수의 친근한 상대에 대한 명령

동사어간 + (e)t		→ 나머지 문장성분
• Wartet	*noch*	ein bisschen!
조금만 더 기다려라!		
• Kommt	*doch*	um neun, Hans und Klaus!
아홉시에 와라, 한스와 클라우스야!		

■ du-명령문 인칭대명사가 없음

동사어간 현재형 변화의 어간 + 나머지 문장성분	
Komm	doch um neun, Hans!
아홉시에 와라, 한스야!	
Frag	mich nicht!
나에게 묻지 말아라!	
Lauf	schnell, Konrad!
콘라트, 빨리 뛰어라!	

du-명령문에서 주의할 사항

현재인칭에서 어간 모음이 e → i(ie)로 변화하는 경우

> 명령형에서도 변화한 어간을 사용한다.
> - Lies das für morgen bitte.   내일을 위해서 그것을 읽어라.(lesen)
> - Sprich doch nicht so schnell.   그렇게 빨리 말하지 말아라.(sprechen)

현재인칭에서 어간 모음이 a → ä로 변화하는 경우

> 명령형에서는 어간이 변화하지 않는다.
> - Lauf schneller!   더 빨리 뛰어라.(laufen)
> - Fahr nach Hause!   집으로 가라.(fahren)

-t나 -d로 끝나는 어간 모음

> 어간 + e → (나머지 문장성분)
> - Arbeite nicht so viel!   그렇게 많이 일하지 말아라.(arbeiten)
> - Warte bis sieben!   일곱시까지 기다려라.(warten)

-el, -er으로 끝나는 어간 모음

> 어간 + e → (나머지 문장성분)
> - Klingle zwei Mal!   두 번 울려 봐라.(klingeln)
> - Änd(e)re nichts!   아무 것도 바꾸지 말아라.(ändern)

■ sein, haben, werden 동사의 명령형

sein	*Seien* Sie	freundlich!	친절하십시오.
	Seien wir	freundlich!	친절합시다.
	Seid	freundlich!	친절해라.(ihr에 대한 명령)
	Sei	freundlich!	친절해라.(du에 대한 명령)
haben	*Haben* Sie	Geduld!	인내심을 가지십시오.
	Haben wir	Geduld!	인내심을 갖자.
	Habt	Geduld!	인내심을 가져라.(ihr에 대한 명령)
	Hab	Geduld!	인내심을 가져라.(du에 대한 명령)
werden	*Werden* Sie	glücklich!	행복하십시오.
	Werden wir	glücklich!	행복하자.
	Werdet	glücklich!	행복해라.(ihr에 대한 명령)
	Werd(e)	glücklich!	행복해라.(du에 대한 명령)

A 문장의 끝에 있는 동사를 이용해서 du-명령문이나 ihr-명령문을 만드시오.

1. (　　　　) mich besuchen! 〈kommen/ du-명령문〉

2. (　　　　) keine Angst! 〈haben/ ihr-명령문〉

3. (　　　　) doch ein bisschen leiser! 〈sein/ ihr-명령문〉

4. (　　　　) bitte lauter, ich verstehe dich so schlecht! 〈sprechen/ du- 명령문〉

5. (　　　　) mir mal bitte schnell den Bleistift dort! 〈geben/ du- 명령문〉

6. (　　　　) mir, wenn ich dich etwas frage! 〈antworten/ du- 명령문〉

7. (　　　　) bitte in der Pause die Fenster! 〈öffnen/ ihr-명령문〉

8. (　　　　) die Badesachen nicht! 〈vergessen/ ihr-명령문〉

9. (　　　　) doch Rücksicht auf deine Schwester! 〈nehmen/ du- 명령문〉

10. (　　　　) doch nicht so ungeduldig! 〈sein/ du-명령문〉

❘ Lösung ❘

A 7. öffnen + 4격　~을 열다
　　8. Badesache f.　수영용품
　　9. auf jn. Rücksicht nehmen　~를 배려하다

A 1. Komm　　2. Habt　　3. Seid　　4. Sprich
　　5. Gib　　6. Antwort(e) 7. Öffnet
　　8. Vergesst 9. Nimm　　10. Sei

B 다음은 여행할 때 해 줄 수 있는 충고이다. 제시된 Sie-명령문을 du-명령문과 ihr-명령문으로 고치시오.

1. Vergessen Sie Ihre Arbeit!

   du-명령문 →

   ihr-명령문 →

2. Schlafen Sie viel!

   du-명령문 →

   ihr-명령문 →

3. Erholen Sie sich gut!

   du-명령문 →

   ihr-명령문 →

B 3. sich⁴ erholen 원기를 회복하다

B 1. Vergiss deine Arbeit!, Vergesst eure Arbeit!
2. Schlaf viel!, Schlaft viel!
3. Erhol dich gut!, Erholt euch gut!

8 동사의 3요형 Stammformen des Verbs

동사의 3요형이란, 동사의 부정형, 과거형, 과거분사를 의미하며 그 형태에 따라 규칙동사, 불규칙동사, 혼합변화로 구분된다.

1. 동사의 분류

❶ 규칙동사

■ 규칙동사는 부정형, 과거형, 과거분사에서 규칙 변화한다.

부정형	과거형	과거분사
-en	-(e)te	ge -(e)t

◈ sagen - sagte - gesagt 말하다
kaufen - kaufte - gekauft 사다

규칙동사의 과거분사형	
ge + 어간 + (e)t	
sagen	• Was hat er dir *gesagt?* 그가 너에게 무엇을 말했니?
kaufen	• Wo haben Sie das *gekauft?* 당신은 그것을 어디에서 구입했습니까?
arbeiten	• Ich habe heute nicht *gearbeitet.* 나는 오늘 일을 하지 않았다.
kosten	• Das hat viel *gekostet.* 그것은 비용이 많이 들었다.

 -ieren어미를 갖는 규칙동사는 과거분사에 ge-가 붙지 않는다.

◈ Sie hat in Freiburg studiert.　　　　그녀는 프라이부르크에서 공부했다.(studieren)
Ich habe mit Erika telefoniert.　　　나는 에리카와 전화통화를 했다.(telefonieren)

❷ 불규칙동사

■ 불규칙동사는 과거형 및 과거분사에서 어간이 변화하는데, 그 어간변화는 예측할 수 없으므로 따로 암기해야 한다.

부정형	과거형	과거분사
-en	- ※ -	ge - ※ -en

 ※ 표시는 어간이 변화함을 의미한다.

🔹 geben - gab - gegeben 주다, helfen - half - geholfen 돕다

불규칙 과거분사	
ge + 완료형 어간 + en	
geben	• Vater hat mir Geld *gegeben.* 아버지는 나에게 돈을 주셨다.
helfen	• Sie haben uns *geholfen.* 그들은 우리를 도와줬다.
fahren	• Ich bin nach Seoul *gefahren.* 나는 서울로 갔다.
trinken	• Was habt ihr denn *getrunken?* 너희들은 무엇을 마셨니?

❸ 혼합변화동사

🔳 혼합변화 동사는 어미는 규칙동사와 동일하지만, 어간은 불규칙동사처럼 변화한다고 하여 붙여진 이름이다. 불규칙동사와 마찬가지로 어간의 변화는 예측할 수 없으므로 따로 암기해야 한다.

부정형	과거형	과거분사
-en	- ※ -te	ge - ※ -t

🔹 denken - dachte - gedacht 생각하다
bringen - brachte - gebracht 가져오다

혼합변화 과거분사	
ge + 완료형 어간 + t	
denken	• Wer hat das *gedacht?* 누가 그것을 생각했니?
bringen	• Er hat mir einen Stuhl *gebracht.* 그는 나에게 의자를 가져다 주었다.
nennen	• Sie hat ihn einen Lügner *genannt.* 그녀는 그를 거짓말장이라고 불렀다.

2. 분리동사와 비분리동사의 과거분사

❶ 분리동사의 과거분사 : 분리전철에 주강세가 있음

분리전철 + ge + 어간과 어미	
anfangen	• Wann hat der Film *ángefangen?* 언제 영화가 시작했느냐?
aufhören	• Hat er schon *áufgehört?* 그가 벌써 그만 두었니?

❷ 비분리동사의 과거분사 : 비분리전철에는 강세가 없음

전철 + 어간과 어미 -ge-는 없다	
beschreiben	• Er hat sein Haus *beschrieben.* 그는 그의 집을 묘사했다.
vergessen	• Sie hat mich *vergessen.* 그녀는 나를 잊었다.

3. 현재완료시제

독일어에서 과거의 일을 표현하는 시제로서 현재완료시제와 과거시제가 있다. 현재완료는 대화와 같은 구어체에서 주로 사용하며, 영어와는 달리 독일어에 있어서 과거시제보다 훨씬 더 많이 사용된다.

❶ 현재완료의 형태

조동사 haben, sein				
	조동사		과거분사	
Ich	habe	einen Wagen	gekauft.	나는 자동차를 샀다.
Sie	ist	nach Wien	geflogen.	그녀는 빈으로 비행기를 타고 갔다.

❷ 현재완료에서 haben을 쓰는 경우

■ 대부분의 동사 모든 타동사와 일부 자동사

- essen 식사하다
- nehmen 취하다
- sprechen 말하다
- lesen 읽다
- schlafen 잠자다
- treffen 만나다
- liegen 누워있다
- schreiben 쓰다

  ◈ Da ist ja das Wörterbuch! Ich habe es schon gesucht(suchen)!
  여기에 그 사전이 있잖아. 나는 벌써부터 그것을 찾고 있었어.
  Heute habe ich in der Mensa zu Mittag gegessen(essen).
  오늘 나는 학생식당에서 점심을 먹었다

■ 재귀대명사
  ◈ Ich habe mich noch nicht entschieden.　　　나는 아직 결정하지 못했다.
  Er hat sich mit mir unterhalten.　　　　　　그는 나와 이야기를 나눴다.

■ 자동사 가운데서 특히 상태나 존재의 지속을 나타내는 동사들
  ◈ Der Mann hat auf der Bank gesessen.　　　그 남자는 벤치에 앉아 있었다.
  Er hat vor dem Haus gestanden.　　　　　　그는 집 앞에 서 있었다.
  Wir haben gut geschlafen.　　　　　　　　우리는 잠을 잘 잤다.

■ 모든 화법조동사
  ◈ Mein Vater hat ins Büro gehen müssen.　　　나의 아버지는 사무실에 가야만 했다.
  Er hat die Rechnung nicht bezahlen können. 그는 계산서를 지불할 수 없었다.
  Das Kind hat nicht einschlafen wollen.　　　그 아이는 자려고 하지 않았다.

■ 비인칭 주어
  ◈ Gestern hat es geregnet.　　　　　　　　어제는 비가 내렸다.
  Es hat mir gut gefallen.　　　　　　　　그것은 내 마음에 쏙 들었다.
  Es hat gedonnert und geblitzt.　　　　　천둥과 번개가 쳤다.
  Heute hat es gutes Essen gegeben.　　　오늘은 식사가 훌륭했다 .es gibt + 4격 : ~이 있다

❸ 현재완료에서 sein을 쓰는 경우 자동사 중에서 일부

▣ 장소의 이동을 나타내는 자동사

• gehen 가다	• abfahren 출발하다	• ausgehen 밖으로 나가다
• kommen 오다	• ankommen 도착하다	• fahren 타고 가다
• fliegen 날아가다		

◈ Warum bist du nicht gestern gekommen? 너는 왜 어제 오지 않았니?
Der Zug ist vor einer Stunde abgefahren. 기차는 한 시간 전에 출발했다.
Ernst ist mit seinem Hund spazieren gegangen. 에른스트는 그의 개와 함께 산책하러 갔다.

▣ 상태의 변화를 나타내는 자동사

• wachsen 자라다	• einschlafen 잠들다	• sterben 죽다
• werden ～이 되다	• aufwachen 깨다	• zufrieren 얼다
• aufstehen 자리에서 일어나다, 기상하다		

◈ Der Baum ist ganz schön gewachsen! 나무가 꽤 자랐다.
Er ist letzte Woche Vater geworden. 그는 지난 주에 아버지가 되었다.
Er ist gestern spät eingeschlafen. 그는 어제 늦게 잠들었다.

예외 sein을 사용하는 단어

• bleiben 머무르다	• passieren 일어나다
• gelingen 성공하다	• geschehen 일어나다
• bekommen ～에게 유익/무익하다, 효과가 있다/없다	
• vorkommen (대개 나쁜 일들이) 일어나다, 생기다, ～으로 여겨지다	

◈ Sie sind zehn Tage geblieben. 그들은 열흘동안 머물렀다.
Er ist oft in Berlin gewesen. 그는 종종 베를린에 있었다.
Dort ist ein Unfall passiert. 거기에서 사고가 일어났다.
Es ist bei diesem Unfall nicht viel geschehen. 이 사고에서 그리 심한 일은 일어나지 않았다.
Es ist mir nicht gelungen, ihn zu überzeugen. 나는 그를 설득시키는데 성공하지 못했다.
Das fette Essen ist mir nicht bekommen. 그 기름진 음식은 나에게 무익했다.
So etwas ist nicht vorgekommen. 그러한 일은 일어나지 않았다.

▣ 3격 지배동사 중 일부

• begegnen 만나다	• folgen 따라가다

◈ Ich bin ihm auf der Straße begegnet. 나는 그를 거리에서 우연히 만났다.
Die Leute sind dem Expeditionsleiter gefolgt. 사람들은 그 원정대장을 따라 갔다.

❹ 화법조동사의 완료시제

■ 일반동사와 함께 쓰인 화법조동사의 현재완료시제는 두 개의 부정형을 가진 부정동사군 Ersatzinfinitiv 을 형성한다. 즉, 이 경우에 화법조동사는 조동사로 사용된다.

	haben조동사	두 개의 동사부정형
• Wir	haben	das Buch nicht *verstehen können.*
우리는 그 책을 이해할 수 없었다.		
• Sie	hat	*mitgehen dürfen.*
그녀는 함께 가는 것이 허락되었다.		

❺ 화법조동사가 일반동사 없이 본동사로 사용될 때

■ haben + 화법조동사의 과거분사의 형태로서 현재완료를 만든다.
  ❖ Ich habe nach Hause gewollt.   나는 집에 가려고 했다.
   Ich habe Deutsch gekonnt.   나는 독일어를 할 줄 알았다.

Vertiefungsstufe ··· 심화학습

● haben 혹은 sein과 결합해서 완료를 만드는 동사들
  몇가지 동사들은 행위 뿐만 아니라 과정도 표현할 수 있다. 이 동사들이 행위 자체를 나타낼 때에는 타동사로 취급되며, 'haben + 과거분사' 형태를 띤다.
  그러나 이 동사들이 과정을 지칭하면 이들은 4격 목적어를 취하지 아니하고 'sein + 과거분사'로써 완료구문을 구성한다.

1] brechen 깨뜨리다, 깨지다, 부수다
 • Er bricht sein Wort.   그는 약속을 어긴다.
 • Er hat sein Wort gebrochen.   그는 약속을 어겼다.
 • Das Eis bricht.   얼음이 부서진다.
 • Das Eis ist gebrochen.   얼음이 부서졌다.

2] abbrechen 꺾다, 부러뜨리다, 부러지다
 • Ich breche den Ast ab.   나는 그 가지를 꺾는다.
 • Ich habe den Ast abgebrochen. 나는 그 가지를 꺾었다.
 • Der Ast bricht ab.   가지가 부러지다.
 • Der Ast ist abgebrochen.   가지가 부러졌다.

3] heilen 치유하다, 치유되다

- Der Arzt heilt die Wunde.   의사가 그 상처를 치유한다.
- Der Arzt hat die Wunde geheilt.   의사가 그 상처를 치유했다.
- Die Wunde heilt gut.   상처가 잘 치유된다.
- Die Wunde ist gut geheilt.   상처가 잘 치유됐다.

4] schmelzen 녹이다, 녹다

- Die Sonne schmilzt den Schnee.   태양이 눈을 녹인다.
- Die Sonne hat den Schnee geschmolzen. 태양이 눈을 녹였다.
- Der Schnee schmilzt.   눈이 녹는다.
- Der Schnee ist geschmolzen.   눈이 녹았다.

5] trocknen 말리다, 마르다

- Ich trockne die Wäsche am Ofen.   나는 난롯가에서 빨래를 말린다.
- Ich habe die Wäsche am Ofen getrocknet. 나는 난롯가에서 빨래를 말렸다.
- Die Wäsche trocknet in der Sonne.   빨래가 햇볕에서 마른다.
- Die Wäsche ist in der Sonne getrocknet. 빨래가 햇볕에서 말랐다.

☙ 상태나 과정의 지속을 나타내는 동사들

이 동사들이 상태의 지속을 나타내면 haben과 함께 완료형을 만들며, 그 이외의 경우에는 sein과 결합한다.

1] sich irren 잘못 생각하다, 틀리다, 방황하다

- Der Autor irrt sich hier.   여기에서 저자는 잘못 생각하고 있다.
- Der Autor hat sich hier geirrt.   여기에서 저자는 잘못 생각하고 있었다.
- Er irrt durch die Straßen.   그는 길거리에서 길을 찾지 못하고 헤맨다.
- Er ist durch die Straßn geirrt.   그는 길거리에서 길을 찾지 못하고 헤맸다.

2] tropfen 새다, 떨어지다

- Der Wasserhahn tropft.   수도꼭지가 샌다.
- Der Wasserhahn hat getropft.   수도꼭지가 새고 있었다.
- Das Wasser tropft auf den Boden.   물이 바닥에 뚝뚝 떨어진다.
- Das Wasser ist auf den Boden getropft.   물이 바닥에 뚝뚝 떨어졌다.

☙ 이동을 나타내는 동사들

이동을 나타내는 동사가 움직임의 목적지가 아니라 경과(시간의 흐름)를 표시할 때는 haben과 완료형을 만든다.

1] tanzen 춤추다

- Er tanzt jeden Tanz.   그는 모든 춤을 춘다.
- Er hat jeden Tanz getanzt.   그는 모든 춤을 추었다.
- Wir tanzen durch den Saal.   우리는 홀을 통과하며 춤을 춘다.
- Wir sind durch den Saal getanzt.   우리는 홀을 통과하며 춤을 추었다.

2] schwimmen 수영하다

- Er schwimmt eine Stunde.   그는 한 시간동안 수영한다.
- Er hat eine Stunde geschwommen. 그는 한 시간동안 수영했다.
- Er schwimmt über den Fluss.   그는 헤엄쳐서 강을 건넌다.
- Er ist über den Fluss geschwommen. 그는 헤엄쳐서 강을 건넜다.

3] fahren 타고가다, 운전하다

- Ich fahre den Wagen selbst.   나는 자동차를 직접 운전한다.
- Ich habe den Wagen selbst gefahren. 나는 자동차를 직접 운전했다.
- Ich fahre nach Frankfurt.   나는 프랑크푸르트로 차를 타고 간다.
- Ich bin nach Frankfurt gefahren. 나는 프랑크푸르트로 차를 타고 갔다.

4] erschrecken 놀라게하다, 놀라다

- Der Hund erschreckt das Kind.   개가 그 아이를 놀라게 한다.
- Der Hund hat das Kind erschreckt. 개가 그 아이를 놀라게 했다.
- Das Kind erschrickt vor dem Hund. 그 아이는 개 때문에 놀란다.
- Das Kind ist vor dem Hund erschrocken. 그 아이는 개 때문에 놀랐다.

4. lassen 동사 수동 불가

❶ 남겨두다 완료시제 : hat gelassen

 ❧ Lassen Sie mich allein!   나를. 혼자 내버려 두세요!
  Hast du deine Tasche im Restaurant gelassen? 너는 가방을 식당에 놔두었니?

❷ 허락하다 완료시제 : 원형부정동사 두 개

 ❧ Sie lassen uns heute Nacht hier schlafen. 그들은 우리가 오늘 밤에 여기에서 자게 해준다.
  Sie haben uns bis neun Uhr schlafen lassen. 그들은 우리가 아홉시까지 자게 내버려 두었다.

❸ '사역동사' ~이 ~ 되도록/하도록 하다 완료시제 : 원형동사 두 개

 ❧ • Sie lässt den Arzt kommen.   그녀는 의사를 오게 한다.
   • Sie hat den Arzt kommen lassen.   그녀는 의사를 오게 했다.

5. 과거시제

❶ 과거시제의 사용

■ 문서화된 이야기나 기사에서 주로 등장하며, 단순과거 시제는 현재완료 대신에 과거의 사건을 나타내기 위해서 주로 사용된다.

◈ Jutta fuhr allein in Urlaub. 유타는 홀로 휴가를 떠났다.
Ihr Vater brachte sie zum Bahnhof. 그녀의 아버지가 그녀를 역에 데려다 주었다.
Als ich gestern Abend nach Hause kam, erschrak ich fürchterlich.
어제 저녁에 집에 왔을 때, 나는 매우 놀랐다.
Die Wohnungstür war offen und … 현관문은 열려 있었고…

■ 단순과거에서는 현재완료 때와 마찬가지로 분리동사는 주절에서는 분리되며, 종속절에서는 결합되어 사용된다.

◈ Rolf stand um acht Uhr auf. 롤프는 여덟 시에 일어났다.
Es war selten, dass er so früh aufstand. 그가 그렇게 일찍 일어난 것은 드문 일이었다.

■ 거의 대부분의 기본동사 sein, haben, werden, wissen, 화법조동사… 와 geben동사 es gab ~있었다 는 대화에서도 과거형을 사용한다.

◈ Was habt ihr gestern Abend gemacht? 너희들은 어제 저녁에 무엇을 했니?
Wir waren im Kino. 우리는 영화관에 있었어.
Frau Gretter war sehr begabt. 그레터 부인은 재능이 많았다.
In der Schule wusste sie immer alles. 학교에서 그녀는 항상 모든 것을 알았다.
Sie hatte viele Freundinnen und Freunde. 그녀는 많은 여자친구들과 남자친구들이 있었다.

❷ 과거시제의 형태

규칙동사

■ 규칙동사의 단순과거형은 어간과 어미 사이에 들어가는 -(e)te-에 의해서 특징 지워진다.

> • sagen 말하다   • kaufen 사다   • putzen 청소하다
> • wohnen 살다   • reisen 여행하다   • heiraten 결혼하다
> • schenken 선사하다 • arbeiten 일하다
> • aufräumen 정리하다, 치우다
> • passieren 발생하다

fragen			
ich	frag**te**	wir	frag**ten**
du	frag**test**	ihr	frag**tet**
er, sie, es	frag**te**	sie, Sie	frag**ten**

◈ Wir kauften ein Spielzeug für das Kind.
Silvia wohnte zwei Semester allein.
Josef arbeitete drei Monate im Krankenhaus.
Jens reparierte sein Fahrrad.

우리는 아이를 위해서 장난감을 샀다.
실비아는 두 학기 동안 혼자 살았다.
요셉은 세 달 동안 병원에서 일했다.
옌스는 그의 자전거를 고쳤다.

불규칙동사

■ 모든 불규칙동사는 단순과거에서 상이한 어간을 갖는다. 1인칭 단수 ich, 그리고 3인칭 단수 er/sie/es에 해당하는 불규칙동사의 인칭형태에서는 어미가 없기 때문에 쉽게 구분된다.

• bleiben(blieb 머무르다)	• essen(aß 먹다)
• fahren(fuhr 타고가다)	• finden(fand 발견하다)
• fliegen(flog 날아가다)	• geben(gab 주다)
• reiten(ritt 말을 타다)	• schlafen(schlief 자다)
• schreiben(schrieb 글을 쓰다)	• schwimmen(schwamm 수영하다)
• sehen(sah 보다)	• sprechen(sprach 말하다)
• springen(sprang 뛰어오르다)	• stehen(stand 서있다)
• halten(hielt 붙잡다)	• kommen(kam 오다)
• laufen(lief 뛰다)	• lesen(las 책을 읽다)
• liegen(lag 누워있다)	• nehmen(nahm 취하다)
• tragen(trug 나르다)	• treffen(traf 만나다, 맞히다)
• trinken(trank 마시다)	• waschen(wusch 씻다)
• ziehen(zog 당기다)	• gewinnen(gewann 이기다, 승리하다, ~을 획득하다)

gehen			
ich	ging	wir	ging**en**
du	ging**st**	ihr	ging**t**
er, sie, es	ging	sie, Sie	ging**en**

◈ Der Bus fuhr um sieben Uhr ab.
Sechs Kinder schliefen in einem Zimmer.
Jutta ass frische Krabben.

버스는 일곱시에 출발했다.
여섯명의 아이들이 한 방에서 잤다.
유타는 신선한 작은 새우들을 먹었다.

 부록에 나와있는 '불규칙동사표'를 참조.

■ 과거서술에 있어서의 사건들의 순서와 과거완료시제

과거완료시제의 쓰임 ⇨ 과거의 행동이나 사건이 복수로 등장할 때, 시간의 우선순위를 나타내기 위해 앞선 사건을 과거완료로 표현한다.

과거완료시제는 때때로 접속사 nachdem이 이끄는 부문장과 함께 나타난다. 주문장의 동사는 단순과거시제이거나 현재완료시제로 제시된다.

❖ Nachdem Jochen zwei Stunden ferngesehen hatte, ging er ins Bett.
　요헨은 두 시간 동안 텔레비전을 본 후에 잠자리에 들었다.
　Nachdem Jutta mit ihrer Freundin telefoniert hatte, machte sie ihre Hausaufgaben.
　유타는 그녀의 여자친구와 전화한 후에 숙제를 했다.

부문장	주문장
Nachdem ich die Schule beendet hatte, 학교를 졸업한 후에,	machte ich eine Lehre. 나는 견습을 받았다.

🐝 nachdem에 의해서 유도되는 부문장은 대개 주문장보다 앞에 쓴다. 이는 동사와 동사가 바로 이어지는 결과를 낳는다.

🐝 부문장에서 동사는 부문장의 끝에 위치하며, 주문장의 동사는 주문장의 제일 앞에 위치한다. 부문장이 전체 문장 내에서 첫 번째 위치를 차지하기 때문에 주문장의 정동사가 두 번째에 위치하는 것이다.

과거완료시제의 형태 ⇨ 동사의 과거완료시제형은 조동사 haben이나 sein의 단순과거형태와 동사의 과거분사로 구성된다.

❖ Ich hatte schon bezahlt und wir konnten gehen.　내가 이미 값을 지불했었고 우리는 갈 수 있었다.
　Als wir ankamen, waren sie schon weggegangen.　우리가 도착했을 때, 그들은 이미 가버렸다.

혼합변화 동사

■ 혼합변화동사의 특징은 어간모음이 변화하지만 과거형의 어간과 과거분사의 어간이 같다는 것이다. 또한 어미 -te, -t는 규칙동사의 특징을 나타낸다.

현재	과거	과거분사
bringen 가져오다	brachte	hat gebracht
denken 생각하다	dachte	hat gedacht
wissen 알다	wusste	hat gewusst

kennen			
ich	kannte	wir	kannten
du	kanntest	ihr	kanntet
er, sie, es	kannte	sie, Sie	kannten

◆ Es war einmal eine Königin, die ein Kind zur Welt brachte.
옛날 옛적에 한 아기를 출산한 왕비가 있었다.
Die Schülerin wusste, dass die Prüfung schon schwer ist.
그 여학생은 그 시험이 꽤 어렵다는 것을 알았다.

🐝 부록에 나와있는 '불규칙동사 변화표'를 참조.

▣ sein, haben, werden, 화법조동사, wissen의 단순과거시제의 형태

sein			
ich	war	wir	waren
du	warst	ihr	wart
er, sie, es	war	sie, Sie	waren

◆ Wie lange warst du in England?　너는 얼마나 오랫동안 영국에 있었니?
Ich war ungefähr zwei Jahre dort.　나는 거기에 약 2년 있었다.

haben			
ich	hatte	wir	hatten
du	hattest	ihr	hattet
er, sie, es	hatte	sie, Sie	hatten

◆ Herr Meier hatte gestern starke Kopfschmerzen und ist deshalb nicht zur Arbeit
gegangen.　마이어 씨는 어제 심하게 두통을 앓아서 일하러 가지 않았다.

werden			
ich	wurde	wir	wurden
du	wurdest	ihr	wurdet
er, sie, es	wurde	sie, Sie	wurden

◆ Michael wurde Tierpfleger.　미하엘은 동물사육사가 되었다.
Im August wurde er sehr krank.　8월에 그는 심하게 아프게 되었다.

▣ 화법조동사의 단순과거형을 만들려면 변모음 Umlaut 를 제거한 어근에 치음 –te와 적당한 어미
를 사용한다.

können → konnte → du konntest

◆ Gestern wollten wir ins Kino gehen.　어제 우리는 영화관에 가려고 했었다.
Mehmet musste jeden Tag um sechs aufstehen.
메멧은 매일 여섯시 정각에 일어나야 했다.
Helga und Sigrid durften mit sechs Jahren noch nicht fernsehen.
헬가와 시그리트는 6살 때에도 텔레비젼을 보는 것이 허용되지 않았다.

■ 화법조동사 können의 현재형과 과거형의 비교

können			
현재시제		**과거시제**	
ich	kann	ich	konnte
du	kannst	du	konntest
er, sie, es	kann	er, sie, es	konnte
wir	können	wir	konnten
ihr	könnt	ihr	konntet
sie, Sie	können	sie, Sie	konnten

■ 다른 화법조동사들의 단순과거시제 형태

	müssen	dürfen	sollen	wollen	mögen
ich	musste	durfte	sollte	wollte	mochte
du	musstest	durftest	solltest	wolltest	mochtest
er, sie, es	musste	durfte	sollte	wollte	mochte
wir	mussten	durften	sollten	wollten	mochten
ihr	musstet	durftet	solltet	wolltet	mochtet
sie, Sie	mussten	durften	sollten	wollten	mochten

■ wissen동사의 형태는 화법조동사와 유사하다.
   ◆ Ich wusste nicht, dass du keine Erdbeeren magst.
     나는 네가 딸기를 좋아하지 않는 줄 몰랐다.

■ wissen동사의 현재형과 과거형

wissen			
현재시제		**과거시제**	
ich	weiß	ich	wusste
du	weißt	du	wusstest
er, sie, es	weiß	er, sie, es	wusste
wir	wissen	wir	wussten
ihr	wisst	ihr	wusstet
sie, Sie	wissen	sie, Sie	wussten

A 다음 문장의 빈 칸에 haben이나 sein을 형태에 맞게 적으시오.

1. Wie (　　　　) du hierher gekommen?
   - Ich (　　　　) ein Taxi genommen.

2. Was (　　　　) Sie am Wochenende gemacht?
   - Ich (　　　　) zum Schwimmen gegangen.

3. Warum (　　　　) du so müde?
   - Ich (　　　　) gestern mit einer Freundin in die Disco gegangen. Danach
   (　　　　) ich lange nicht eingeschlafen. Vielleicht (　　　　) ich auch am
   Nachmittag zu viel Kaffee getrunken.

4. A : (　　　　) ihr euch schon die Innenstadt angesehen?
   B : Ja, gestern.
   A : Und wie (　　　　) es euch gefallen?
   B : Sehr gut. Wir (　　　　) sogar in einer Kirche ein Orgelkonzert gehört.

5. In meiner Schulzeit (　　　　) ich morgens nie gern aufgestanden.

Lösung

A　1. sein + gekommen
　　2. sein + gegangen
　　3. einschlafen(잠들다)+sein 대부분의 타동사는
　　　그러나 완료에서 haben과 결합
　　4. gefallen + haben
　　5. aufstehen + sein 기상하다

A　1. bist, habe　　　　2. haben, bin
　　3. bist, bin, bin, habe　4. Habt, hat, haben
　　5. bin

6. Meine Mutter (　　　　) mich immer geweckt, denn ich (　　　　) nie von allein aufgewacht.

7. Ich (　　　　) ganz schnell etwas gegessen und (　　　　) zur Schule gerannt.

8. Meistens hatte es schon zur Stunde geklingelt, wenn ich angekommen (　　　　)

9. In der Schule war es oft langweilig: In Biologie (　　　　) ich sogar einmal eingeschlafen.

B 문장 끝에 제시된 단어를 이용하여 완료형 문장을 완성하시오.

1. Wer (　　　　) das Spiel (　　　　)? Becker oder Agassi? ⋯gewinnen

2. Das ist mein Platz! Hier (　　　　) ich immer (　　　　). ⋯sitzen

3. In welchem Jahr (　　　　) Mozart (　　　　)? ⋯sterben

4. Warum (　　　　) Sie mich gestern nicht (　　　　)? ⋯ anrufen

A	7. rennen + sein 달리다 (장소이동)		**A**	6. hat, bin	7. habe, bin
				8. bin	9. bin
B	2. sitzen + haben		**B**	1. hat, gewonnen	2. habe, gesessen
	3. sterben + sein 죽다 (상태변화)			3. ist, gestorben	4. haben, angerufen

C 아래 제시된 동사들의 과거형을 이용해서 어떤 사람의 하루에 대한 다음의 보고를 완성하시오.

보기

ankommen	gehen	nehmen
fahren	suchen	empfehlen
kennen		

1. Ich（　）um 17.13 Uhr am Hauptbahnhof（　）.

2. Als erstes（　）ich mir ein Hotel.

3. Da ich keine Hotels in Frankfurt（　）,（　）ich zur Touristeninformation.

4. Dort（　）man mir ein sehr schönes, kleines Hotel im Zentrum.

5. Ich（　）ein Taxi und（　）zum Hotel.

C 1. am Hauptbahnhof ankommen
　　중앙역에 도착하다
2. suchen 찾다:규칙동사

C 1. kam, an　　2. suchte
3. kannte, ging　　4. empfahl
5. nahm, fuhr

D 다음 동사들의 알맞은 형태를 빈 칸에 넣으시오.

보기

aufaßen	fuhren	gingen
hielten	ankamen	nahmen
schliefen	schwammen	standen

Richard und Franz wollten eine Radtour machen, aber ihre Räder waren kaputt. Sie mussten sie reparieren, bevor sie losfahren konnten. Am Morgen der Tour (1) sie um sechs Uhr auf, (2) in die Garage, wo die Räder waren und machten sich an die Arbeit. Gegen acht waren sie fertig, sie frühstückten noch, und dann (3) sie ab. Gegen elf (4) sie an einem kleinen See an. Sie waren hungrig und (5) alles auf. Sie (6) im See und legten sich dann in den Schatten und (7). Am späten Nachmittag (8) sie noch ein Bad und radelten dann zurück nach Hause. Die Rückfahrt dauerte eine Stunde länger als die Hinfahrt.

E 다음 빈 칸에 화법조동사나 wissen의 적당한 형을 넣으시오.

Silvia : Was hast du gemacht, wenn du nicht zur Schule gehen (1)?
Jürgen : Ich habe gesagt: "Ich bin krank."
Silvia : Haben deine Eltern das geglaubt?
Jürgen : Nein, meine Mutter (2) immer, was los war.

D 1. standen   2. gingen
  3. fuhren   4. kamen
  5. aßen   6. schwammen
  7. schliefen   8. nahmen

E 1. wollen – wollte – gewollt   **E** 1. wolltest   2. wusste

9 비교급, 명사화된 형용사 Komparativ

이 과에서는 형용사, 부사의 비교구문과 형용사의 명사화에 대해서 배운다.

1. 형용사와 부사의 원급

■ 원급은 형용사와 부사의 기본적인 형태이다. 둘 이상의 사람이나 사물이 유사하거나 동등하다고 표현할 때에 'so + 형용사, 부사 + wie' 원급구문을 사용한다.

  ◆ Der Lehrer ist **alt.**   그 선생님은 나이가 많다.
     Der Lehrer ist **so alt wie** mein Vater.   그 선생님은 나의 아버지와 나이가 같다.
     Die Küche ist **groß.**   부엌이 크다.
     Die Küche ist **so groß wie** das Wohnzimmer.   부엌은 거실만큼 크다.

2. 형용사와 부사의 비교급과 최상급

A : Welche Bluse findest du schöner, die blaue oder die rote? **비교급**
B : Mir gefällt keine von beiden besonders.
A : Schau mal, diese bunte, das ist die schönste von allen hier. **최상급**
    Mir gefällt sie jedenfalls am besten.
A : 어떤 블라우스가 더 예쁘다고 생각하니, 파란 거니, 아니면 빨간 거니?
B : 나에겐 둘 다 특별히 마음에 들지 않는다.
A : 여기 봐, 여기 다채로운 색깔의 것, 이것이 여기 있는 모든 것 중에 가장 예쁘다.
    나에게는 그것이 어쨌든 가장 마음에 든다.

■ 비교급은 원급에 접미사 -er가 붙어서 만들어지며, 두 가지 비교대상이 같지 않음을 표시한다. 비교급이 명사 앞에서 부가적으로 사용되면 어미변화를 하고, 서술적으로 사용되면 어미변화를 하지 않는다.

■ 최상급은 세가지 이상의 사물이나 사람을 비교할 때, 가장 뛰어난 것을 나타낸다. 어미는 -(e)st를 사용한다. 부가적으로 사용되면 어미변화를 하고, 서술적으로 사용될 때는 am+~(e)sten의 형태를 사용한다.

❶ 기본형

원급	비교급(+er)	최상급
glücklich	glücklicher	am glücklichsten
interessant	interessanter	am interessantesten

■ 원급

◆ Ein guter Staubsauger kostet so viel wie ein Mikrowellenherd.
좋은 진공청소기는 전자렌지 만큼이나 비싸다.

동등하지 않음을 표현할 때에는 이 형식에 부정어 nicht를 추가한다.

◆ Eine Waschmaschine ist nicht so schwer wie ein Kühlschrank.
세탁기는 냉장고만큼 무겁지는 않다.

■ 비교급

◆ Ein Radio ist billiger als ein Fernseher.　　　　라디오는 텔레비젼보다 싸다.
Lydia ist intelligenter als ihre Schwester.　　　뤼디아는 그녀의 언니보다 더 영리하다.
Jens läuft schneller als Ernst.　　　　　　　　엔스는 에른스트보다 더 빨리 달린다. 부사

■ 최상급

◆ Der Porsche ist schnell, das Flugzeug ist schneller, die Rakete ist am schnellsten.
포르쉐(독일산 스포츠카)는 빠르고, 비행기는 더 빠르며, 로케트는 가장 빠르다.
Hans ist am jüngsten.　　　　　　　　　　　　한스는 가장 어리다.
Jens ist am tolerantesten.　　　　　　　　　　엔스는 가장 관용성이 많다.
Um die Mittagszeit ist es oft am heißesten.　　주로 정오에 날씨가 가장 덥다.

❷ 위의 기본형에 형용사 어미가 붙은 형태

eine	glückliche	Kindheit	행복한 유년시절
eine	glücklichere	Kindheit	더 행복한 유년시절
die	glücklichste	Kindheit	가장 행복한 유년시절
die (pl.)	intererssanten	Ideen	재미있는 생각들
die (pl.)	interessanteren	Ideen	더 재미있는 생각들
die (pl.)	interessantesten	Ideen	가장 재미있는 생각들

■ 독일어에서 형용사와 부사의 최상급을 표현할 때는 am –(e)sten의 형태를 사용한다. 그러나 최상급이 정관사와 더불어 명사 바로 앞에서 사용될 때는 –(e)ste나 –(e)sten의 어미가 붙는다.

> 형용사 어미 변화에 따라 –e 또는 –en이 붙는다.

■ 따라서, 최상급에 있어서 다음 두 가지가 모두 가능하다.
- Diese Ideen sind am interessantesten.
  이 생각들은 가장 재미있다. 절대 최상급 – 동일종류의 비교대상이 없을 때
  Diese Ideen sind die interessantesten (Ideen).
  이 생각들은 가장 재미있는 것들이다. 상대 최상급 – 동일 종류의 비교대상이 있을 때

❸ 주의해야 할 비교급과 최상급의 형태

■ 비교급

어미가 –el이나 –er으로 끝나는 형용사의 비교급에서는 e가 탈락한다.
- teuer – teurer – teuerst   dunkel – dunkler – dunkelst
- Eine Wohnung in Regensburg ist teuer. Aber eine Wohnung in München ist noch teurer.
  레겐스부르크에 있는 집은 비싸다. 그러나 뮌헨에 있는 집은 더 비싸다.
  Gestern war es dunkel, aber heute ist es noch dunkler.
  어제는 날이 어두웠다. 그러나 오늘은 더 어둡다.

■ 최상급

대부분 어미에 –st를 붙여서 최상급을 만들지만, 단음절 단어나 다음절 단어라고 하더라도 어미가 –d, –t, –s, –ß, sch, –x, –z로 끝나는 단어에는 –est를 붙인다.
- alt – älter – ältest   heiß – heißer – heißest

-est	der älte*ste* Lehrer	가장 나이 많은 남선생님
	das berühmt*este* Bild	가장 유명한 그림
	die heiß*este* Jahreszeit	가장 더운 계절
	am frisch*este*n	가장 신선한
	am gesund*este*n	가장 건강한
	am heiß*este*n	가장 더운
-st	der lustig*ste* Film	가장 익살스러운 영화
	das jüng*ste* Kind	가장 어린 아이
	das klein*ste* Auto	가장 작은 차

- Wie heißt der längste Fluss Europas?   유럽에서 가장 긴 강은 무엇이죠?
  –Wolga.   – 볼가 강입니다.

■ 비교급과 최상급에서 변모음화 되는 것:

모음 a, o, u를 갖고 있는 단음절 형용사나 부사 중 일부는 비교급과 최상급에서 변모음화한다.

alt 낡은	**älter**	am ältesten
jung 젊은	**jünger**	am jüngsten
kalt 차가운	**kälter**	am kältesten
warm 따뜻한	**wärmer**	am wärmsten
kurz 짧은	**kürzer**	am kürzesten
lang 긴	**länger**	am längsten
stark 강한	**stärker**	am stärksten
schwach 약한	**schwächer**	am schwächsten
hart 딱딱한	**härter**	am härtesten
krank 아픈	**kränker**	am kränksten
oft 자주	**öfter**	am öftesten
rot 빨간	**röter**	am rötesten
schwarz 검은	**schwärzer**	am schwärzesten

❖ Heidi ist älter als Katrin. Monika ist am ältesten.
하이디는 카트린보다 나이가 많다. 모니카는 가장 나이가 많다.
Im März ist es oft wärmer als im Januar. Im August ist es am wärmsten.
3월은 대개 1월보다 따뜻하다. 8월에는 제일 덥다.

❹ 비교급·최상급의 불규칙 변화

groß 큰	**größer**	am größten
gut 좋은	**besser**	am besten
hoch 높은	**höher**	am höchsten
nah(e) 가까운	**näher**	am nächsten
viel 많은	**mehr**	am meisten
gern 즐겨	**lieber**	am liebsten

❖ Ich spreche Deutsch, Englisch und Koreanisch. Koreanisch spreche ich am besten, und Deutsch spreche ich am liebsten.
나는 독일어, 영어, 한국어를 한다. 한국어는 내가 가장 잘 하며, 독일어는 가장 즐겨 한다.

❺ viel과 wenig

원 급	형용사 어미가 없을 때	viel = (양)많은, 아주 많은 / wenig = (양)많지 않은, 적은 Ich habe 「viel / wenig」 Geld. 나는 돈이 「많다 / 적다」.
	형용사 어미가 있을 때	viele = (수)많은 / wenige = (수) 많지 않은, 적은 「Viele / Wenige」 Leute haben das Land besucht. 「많은 / 적은」 사람들이 그 나라를 방문했다.

비 교 급	형용사 어미가 없을 때	mehr = 더 많은 / weniger = 덜, 더 적게 Ernst isst 「mehr / weinger」 als seine Schwester. 에른스트는 그의 누이보다 「더 많이 / 더 적게」 먹는다.
	형용사 어미가 있을 때	Monika spricht 「mehr / weniger」 Sprachen als ihr Bruder. 모니카는 그녀의 오빠(남동생)보다 「더 많은 / 더 적은」 언어를 한다.

최 상 급	der, das, die meist- = 가장 많이 / der, das, die wenigst- = 가장 적게 In welchem Land wohnen die 「meisten / weingsten」 Menschen? 어느 나라에 가장 「많은 / 적은」 사람이 살고 있습니까?

❻ 특수 비교구문

▨ genauso … wie는 동등함을 나타낸다.
- Heute ist es genauso kalt wie gestern. 오늘은 꼭 어제만큼 춥다.
  Stuttgart ist nicht so groß wie Berlin. 슈투트가르트는 베를린만큼 크지는 않다.

▨ immer + 비교급 구문은 '점점 더 … 한다'라는 점진적 변화를 표시한다.
'비교급 + und 비교급'도 같은 의미로 사용된다.
- Das Kind wird immer größer. 그 아이는 점점 더 커진다.
  Die Welt wird immer näher. 세계는 점점 가까워진다.
  Die Tage wurden länger und länger. = Die Tage wurden immer länger.
  낮이 점점 더 길어졌다.

▨ je … desto 구문은 복합접속사 구문으로서 '~하면 할수록 더욱 ~한다'라는 의미이다.
- Je schneller, desto besser. 빠르면 빠를수록 더 좋다.

■ je … desto 구문이 두 개의 완전한 절을 인도할 때는 'je 비교급＋동사 후치, desto 비교급 ＋도치'의 형식을 갖는다.

◆ Je länger ich lebe, desto weniger weiß ich.
내가 더 오래 살면 살수록, 아는 것은 점점 더 적어진다.

Je länger eine Reise ist, desto teurer ist sie.
여행이 길면 길수록, 값은 비싸진다.

Je mehr ich arbeite, desto müder bin ich abends.
내가 더 많이 일을 할수록, 나는 저녁에 더 피곤하다.

3. 명사화된 형용사

명사화된 형용사는 첫글자를 대문자로 쓰고 형용사 어미를 갖는다.

❶ 사람들을 지칭할 때 : 남성·여성 / 단수·복수

부가어적 형용사	vs	명사화된 형용사
unsere kleine Tochter 우리의 작은 딸	vs	Unsere Kleine ist heute krank. 우리 작은 여자아이는 오늘 아프다.
ein deutscher Student 한 독일 대학생		Dieser Student ist Deutscher. 이 학생은 독일인이다.

■ 아래 단어들은 항상 명사로만 쓰인다.

- der/die Bekannte 지인(知人)
- der/die Deutsche 독일인
- der/die Verwandte 친척
- der/die Angestellte 회사원

❷ 개념을 지칭할 때 : 중성, 단수만 사용한다

◆ Das ist das Schönste, was ich je gesehen habe.　그것이 내가 본 것 중에서 가장 아름답다.
Haben Sie etwas Billigeres?　좀 더 가격이 싼 것 있어요?
Ich habe nichts Interessantes gehört.　나는 흥미로운 것은 전혀 듣지 못했다.

Übungen

A 다음 빈 칸에 보기와 같이 문맥 상 알맞은 단어로 비교급을 만드시오.

> 보기
> Dieses Hotel ist zu teuer. Gibt es hier kein billigeres?

1. Diese Übungen sind so schwer. Ich würde lieber (   ) Übungen machen.
2. Nein danke, dieser Pullover ist zu dünn. Ich suche einen (   ).
3. Der Weg ist mir zu lang. Kennst du keinen (   )?
4. Der Job ist mir zu langweilig. Ich suche mir einen (   ).
5. Das Brot ist schon hart. Hast du kein (   )?
6. Der Wein ist nicht gut. Nächstes Mal kaufen wir einen (   ).

B 아래 제시된 형용사와 부사를 순서대로 이용해서 빈 칸에 알맞은 최상급의 형태로 고쳐 넣으시오.

> 보기
> | schnell | wichtig | teuer |
> | elegant | neu | gern |
> | reich | jung | |

1. Wer läuft schneller, Judith, Sarah oder Hanna?
   - Hanna läuft (   ).

2. Was ist denn los?
   - Mein Gott, wir haben die (   ) Sache vergessen.

Lösung

A 2. schwer ↔ leicht
  3. dünn ↔ dick
  4. lang ↔ kurz
  6. hart ↔ weich, frisch

B 2. Mein Gott! 맙소사!

A 1. leichtere   2. dickeren/wärmeren
  3. kürzeren   4. interessanteren
  5. weicheres/frischeres   6. besseren

B 1. am schnellsten   2. wichtigste

3. Das sind die (   ) Schuhe, die ich je gekauft habe.

   - Es sind aber auch die (   ), die du je hattest.

4. Was sind denn Ihre (   ) Reisepläne?

   - Ich würde (   ) nochmal nach Island fahren.

5. Wer ist die (   ) Frau der Welt?

   - Ich glaube, die Königin von England.

C 원급 형용사, 부사를 비교급, 최상급 문장으로 바꾸시오.

보기

> Unsere Schwester ist eine gute Schülerin.
>
> →1) Unsere Schwester ist eine bessere Schülerin.
>
>   2) Unsere Schwester ist die beste Schülerin.

1. Ich trinke gern deutschen Wein.

2. Die Menschen, die in dieser Gegend wohnen, sind arm.

3. Zum Frühstück esse ich viel Brot.

4. Man baut hier große Studentenwohnheime.

B   3. es는 주어가 아님. 동사일치에 유의할 것.
     4. gern – lieber

C   3. viel-mehr-meist
     4. Studentenwohnheim
       n. 학생기숙사
       (pl. Studentenwohnheime)

B   3.teuersten, elegantesten 4. neu(e)sten, am liebsten
     5. reichste

C   1. Ich trinke lieber deutschen Wein/Ich trinke am
       liebsten deutschen Wein.
     2. Die Menschen, die in dieser Gegend wohnen,
       sind ärmer/ Die Menschen, die in dieser Gegend
       wohnen, sind am ärmsten.
     3. Zum Frühstück esse ich mehr Brot /Zum Frühstück
       esse ich das meiste Brot.
     4. Man baut hier größere Studentenwohnheime./
       Man baut hier die größten Studentenwohnheime.

10 접속사 Konjunktionen

접속사는 변화하지 않으며, 문장과 문장을 연결, 결합시키는 기능을 한다. 등위접속사 und, oder, aber, denn 등과 종속접속사 weil, obwohl, dass, ob 등이 있으며, 결합된 문장 사이의 내용적 관계를 나타낸다.

1. 등위 접속사, 접속사적 부사어, 종속 접속사

❶ 등위접속사

- aber 그러나
- denn 왜냐하면
- nicht/kein- …, sondern ～이 아니라 ～이다
- sowohl … als auch ～뿐 아니라 ～도 역시
- weder … noch ～도 ～도 아니다
- zwar … aber ～이긴 하나 그러나
- entweder … oder ～이거나 또는/아니면
- und 그리고
- oder 또는

▪ 등위접속사는 문장 내의 어순에 영향을 주지 않는다.

정동사 – 두번째 자리	정동사 – 두번째 자리
• Ich bleibe nicht.	• Ich gehe nach Hause.
⇨ Ich bleibe *nicht, sondern* ich gehe nach Hause. 나는 머무르지 않고, 집으로 간다.	

◆ Ich fahre am Wochenende nach Paris, aber diesmal gehe ich in kein Museum.
나는 주말에 파리에 간다. 그러나 이번에는 어떤 박물관도 가지 않는다.

Ich fahre am Wochenende nach Paris, oder vielleicht bleibe ich auch zu Hause.
나는 주말에 파리에 가거나, 아니면 집에 있을 것이다.

Ich fahre am Wochenende nach Paris und schaue mir den Louvre an.
나는 주말에 파리에 가서 루브르 박물관을 구경할 것이다.

Ich schaue mir sowohl den Louvre, als auch das Centre Pompidou an.
나는 루브르 박물관 뿐만 아니라, 퐁피두 센터도 구경한다.

Mich interessieren weder die Museen noch die Kirchen.
박물관들도, 교회들도 나에겐 관심이 없다.

Ich liebe meine Kinder zwar sehr, aber ich bin auch gern mal einen Tag allein.
나는 내 아이들을 매우 사랑하기는 하지만, 가끔씩 하루는 혼자 있고 싶기도 하다.

Ich fahre entweder nach Paris oder nach London.
나는 파리에 가거나 아니면 런던에 간다.

❷ 접속사적 부사어 도치구문이 필수적으로 수반됨

■ **이유** 인과관계
　◆ deshalb = deswegen = darum = daher 그 때문에

■ **시간**

• zuerst 먼저	• vorher 이전에	• dann 그리고 나서
• zuletzt 마침내, 결국	• nachher 그 이후	• danach 그 다음에
• gleichzeitig 동시에	• schließlich 마지막으로	

■ **양보**
　◆ trotzdem 그럼에도 불구하고, dennoch ~에도 불구하고

■ **결과**
　◆ also 그래서

■ **반대, 제한**
　◆ jedoch 그러나, 반면에

　주의 부사가 문장을 연결하는 역할을 할 수 있다. 이러한 부사어들이 오면 '동사 + 주어(도치)'의 어순을 갖는다.
　◆ Mein Auto ist kaputt, deshalb fahre ich heute mit dem Zug zur Arbeit.
　　내 자동차가 고장났다. 그래서 나는 오늘 기차를 타고 출근한다.
　　Ich frühstücke jetzt, danach fahre ich zur Arbeit.
　　나는 지금 아침을 먹는다. 그리고 나서 나는 출근한다.
　　Ich habe ein Auto, trotzdem fahre ich oft mit dem Fahrrad zur Arbeit.
　　나는 자동차가 있다. 그럼에도 불구하고 나는 종종 자전거로 출근한다.
　　Ich bin krank, also bleibe ich heute zu Hause.
　　나는 아프다. 그래서 나는 오늘 집에 있는다.
　　Ich besuche dich morgen, jedoch habe ich erst am Nachmittag Zeit.
　　나는 내일 너를 방문할 것인데, 오후에야 시간이 있다.

■ **모든 접속사적 부사어는 정동사 다음에 올 수 있다. 이 경우에는 두 개의 분리된 주문장을 사용한다.**
　◆ Mein Auto ist kaputt. Ich fahre deshalb heute mit dem Zug zur Arbeit.
　　나의 자동차는 고장났다. 그 때문에 나는 오늘 기차로 출근한다.

❸ 종속접속사

시간: 주문장과 부문장의 시제가 일치하는 경우	• als • wenn • während • bis, • seit / seitdem	~했을 때(과거) ~할 때, 할 때마다(과거) ~하는 동안 ~까지 ~이래로
시간: 주문장과 부문장의 시제가 일치하지 않는 경우	• bevor • nachdem • sobald	~하기 전에 ~한 후에 ~하자마자
인과	• weil, da	~이므로, 이기 때문에
조건	• wenn • falls	~한다면(현재, 미래) ~한다면(불확실한 조건)
양보	• obwohl	~임에도 불구하고
목적	• damit / um … zu	~하기 위해서
결과	• ~, so dass • so … , dass • ohne dass / ohne … zu	~해서 ~하다 ~해서 ~하다 ~하지 않고 ~하다
양태	• wie • als • je … desto / umso	~처럼 ~보다 ~하면 할수록 ~더 하다
상반	• (an)statt dass / (an)statt … zu	~하는 대신

■ 종속절을 이끄는 의문사 : 정동사는 후치

• wann 언제	• wem 누구에게	• wessen 누구의
• warum 왜	• wen 누구를	• wie 어떻게
• was 무엇을	• wer 누가	• wo 어디에
• woher 어디에서	• wohin 어디로	

◈ Ich weiss nicht, wann der Mann ankommt.　나는 그 남자가 언제 도착하는지 모른다.
　Haben Sie gehört, woher die neue Sekretärin kommt?

새 여비서가 어디 출신인지 들어 보셨어요?

■ 종속접속사와 어순

(1) 종속접속사는 동사를 후치시킨다.

주절	종속접속사	종속절
(정동사-두번째 자리)	*ob*	(정동사-마지막)
Ich *weiss* nicht,	*ob*	*sie* in München wohnt.
나는 그녀가 뮌헨에 사는지 모른다.		

(2) 종속접속사가 이끄는 부문장이 주문장보다 앞서는 경우에는 주절의 정동사는 두 번째 위치에 온다.

종속접속사	종속절	주절
	(정동사-마지막)	(정동사-두번째 자리)
Ob	sie in München *wohnt,*	*weiss* ich nicht.
그녀가 뮌헨에서 사는지 나는 모른다.		

■ 시간적 의미를 갖는 종속접속사 주문장과 부문장의 시제가 일치하는 경우
　◈ Der Besucher kam, während er im Urlaub war. 그가 휴가 가 있는 동안에 손님이 왔다.
　　Er muss warten, bis er sein Gehalt bekommt.　그는 그의 월급을 받을 때까지 기다려야 한다.
　　Seit er als Polizist arbeitet, sieht er vieles anders.

그가 경찰관으로 일한 이후로, 그는 많은 것을 다르게 본다

 wenn과 als에 대해서는 다음 장을 참조.

■ 시간적 의미를 갖는 종속 접속사 주문장과 부문장의 상황의 시간적 순서가 다른 경우
　◈ Bevor sie mit dem Studium anfängt, muss sie vorher das Abitur machen.
　　그녀는 대학공부를 시작하기 전에, 먼저 아비투어(독일의 고등학교 졸업시험=대학입학시험)를 통과해야 한다.
　　Er begann mit dem Studium, nachdem er den Militärdienst gemacht hatte.
　　그는 병역을 마치고 난 후에 학업을 시작했다.
　　Sobald er den Brief bekommt, will er nach Wien fahren.
　　그는 편지를 받자마자, 비엔나로 출발하고자 한다.

▣ 인과관계를 의미하는 종속 접속사

◈ Warum kommst du denn nicht ins Kino? 왜 너는 영화관에 오지 않니?
  Weil ich keine Zeit habe. Ich muss noch arbeiten. 시간이 없어서. 나는 아직 더 일해야 해.
  Da das Wetter schlecht war, bin ich fast den ganzen Tag zu Hause geblieben und habe gelesen. 날씨가 나빴기 때문에, 나는 거의 하루종일 집에 있으면서 책을 읽었다.

▣ 조건을 의미하는 종속접속사

◈ Kommst du am Samstag mit zum Fußballspiel? 너 토요일에 축구경기에 같이 갈래?
  Ja gern, wenn es noch Karten gibt. 물론, 아직 표가 있다면야.
  Falls du heute Abend doch noch kommst, bring bitte eine Flasche Wein mit.
  만약 네가 오늘 저녁에 올 수 있으면, 포도주 한 병을 갖고 와라.

▣ 양보를 의미하는 종속 접속사

◈ Er ist zur Arbeit gegangen, obwohl er krank ist.
  그는 몸이 아픈데도 불구하고, 일하러 갔다.

▣ 목적을 의미하는 종속접속사

◈ Er geht ins Ausland, damit er nicht zur Bundeswehr muss.
  그는 군대에 가지 않으려고 외국으로 간다.

▣ 결과를 나타내는 종속접속사

 ~, so dass ~ = ~ so ~, dass~ : 종속절은 앞 문장에서 일어난 사태의 결과를 표시.

◈ Die Frau stieß den Kellner an, so dass der Teller zerbrach.
  그 여인이 종업원을 밀쳐서 (그래서) 접시가 깨졌다.
  Die Studentin hatte so viel gearbeitet, dass sie überhaupt keine Zeit für die Prüfung haben konnte.
  그 여대생은 너무 일을 많이 해서, 시험을 위한 시간을 전혀 가질 수 없었다.

▣ ~ so, dass ~: ~ 해서, 그 결과 ~하다.

◈ Der Rasen wächst so, dass Hans zweimal in der Woche ihn mähen muss.
  잔디가 자라서 (그 결과로) 한스는 일주일에 두 번 잔디를 베어야만 한다.

▣ ohne dass/ ohne … zu: 부정적 결과; ~하지 않고서

◈ Warum ist Ilse so traurig? 왜 일제가 그렇게 슬퍼하니?
  Ihr Freund ist weggegangen, ohne dass er sich von ihr verabschiedet hat.
  그녀의 남자친구가 그녀와 작별하지 않고서 그냥 떠나버렸어.

위 문장의 경우 주문장과 부문장의 주어가 동일하기 때문에, 다음 표현이 더 낫다.
  ⇨ Ihr Freund ist weggegangen, ohne sich von ihr zu verabschieden.

■ 양태를 나타내는 종속 접속사

◆ Wie war euer Urlaub in Portugal?　　　포르투갈에서의 휴가가 어땠니?

Sehr schön. Alles war genau so, wie wir es erwartet hatten.

아주 좋았어. 모든 것이 우리가 기대했던 그대로였지.

 so … wie ; 실제와 기대한 것이 일치함을 나타낸다.

◆ Wie war denn euer Urlaub in Portugal?　　　포르투갈에서의 휴가는 어땠니?

Wunderbar. Es war noch schöner, als wir es erwartet hatten.

아주 훌륭했지. 우리가 기대했던 것보다도 더 좋더라구.

 비교급 + als ; 실제와 기대한 것에 차이가 있음을 나타낸다.

■ 상반을 나타내는 종속 접속사

◆ Kannst du mir bitte ein bisschen helfen, anstatt dass du den ganzen Tag nur fernsiehst?　　　하루종일 텔레비젼만 보는 대신에 나 좀 조금만 도와줄 수 있겠니?

 이 경우에 주문장과 부문장의 주어가 일치하므로 아래의 문장으로 바꾸는 것이 더 좋다.

⇨ Kannst du mir bitte ein bisschen helfen, anstatt den ganzen Tag nur fernzusehen?

■ 종속 접속사 dass와 ob

dass와 ob은 의미를 갖지 않는 접속사이다. 이들은 단지 주문장과 부문장을 연결하는 기능을 한다. ob은 의문사가 없는 의문문 Ja-/Nein-Frage 에 대한 대답에서만 사용된다.

◆ Ich wusste nicht, dass du heute Geburtstag hast.　　나는 네가 오늘 생일이라는 것을 몰랐다.

Kommst du heute Abend mit ins Kino?　　너 오늘 영화관에 같이 갈래?

Ich weiss noch nicht, ob ich Zeit habe.　　내가 시간이 있을지 아직 모르겠어.

2. 시간을 나타내는 접속사 als, wenn, wann

■ als는 과거에 일어난 하나의 사건이나 상황을 지칭한다.

◆ Als ich fünfzehn war, sind meine Eltern nach Deutschland gezogen.

내가 열다섯 살 때, 나의 부모님은 독일로 이주하셨다.

Als wir in Deutschland angekommen sind, war es sehr kalt.

우리가 독일에 도착했을 때, 날씨가 매우 추웠다.

■ wenn은 두가지 다른 의미를 갖는다

(1) 시간적 의미로서 '~할 때, ~할 때마다'

(2) 조건의 의미로서 '만약 ~한다면'. 또한 wenn은 어느 시제에나 사용할 수 있다.

◆ Meine Mutter schimpft, wenn ich spät nach Hause komme.

나의 어머니는 내가 늦게 집에 올 때(마다) 야단을 치신다.

Wenn Heidi nicht bald kommt, gehen wir ohne sie.

하이디가 곧 오지 않는다면, 우리는 그녀없이 갈 것이다.

■ als는 단순과거나 현재완료, 과거완료 문장에서만 사용한다. 단순과거에서 wenn은 반복적 또는 관습적으로 일어나는 습관이나 행위, 또는 사건을 지칭한다. 반면에 als는 과거의 특정 시간에 한 번 일어난 특정한 행위나 사건을 지칭한다.

  ◆ Wenn ich nicht zur Schule gehen wollte, habe ich gesagt, ich bin krank.
    내가 학교에 가려 하지 않을 때(마다), 나는 아프다고 말을 했다.
    Als ich meine erste F bekommen habe, habe ich geweint.
    내가 처음으로 F를 받았을 때, 나는 울었다.

■ wann은 '언제'라는 의미의, 시간을 나타내는 부사이다.

  ◆ Wann hast du deinen ersten Kuss bekommen?   너는 언제 첫키스를 받았니?
    Ich weiß nicht, wann der Zug kommt.   나는 기차가 언제 오는지 모른다.

시간		
als	~했을 때	: 과거의 (한 번 일어난) 단일 사건
wenn	~할 때 마다 ~이라면	: 과거의 반복되는 사건 : 조건
wann	언제	: 시간의 부사

 **bungen**

A 다음 빈 칸에 아래의 접속사 중 적당한 것을 넣으시오.

보기

und	sondern	denn
entweder~oder zwar~aber		

1. Könnten Sie mir bitte kurz Ihr Wörterbuch leihen, _____ ich finde meins nicht?

2. Ist Tante Emma schon da?
   - Nein, sie wollte nun doch nicht heute kommen, _____ lieber morgen.

3. Mögen Sie keinen Champagner?
   - Doch, sehr. Ich darf _____ keinen Alkohol trinken, _____ heute mache ich mal eine Ausnahme.

4. Was machst du denn nach dem Unterricht?
   - Ich weiß es noch nicht. _____ gehe ich nach Hause _____ mache einen Mittagschlaf _____ ich gehe ins Zentrum zum Einkaufen.

Lösung

A 1. leihen ～을 ～에게 빌려주다
   3. Champagner m. 샴페인
   4. entweder A oder B A이거나 B이다

A 1. denn
   3. zwar, aber

   2. sondern
   4. Entweder, und, oder

B 빈 칸에 als, wenn, wann 중에서 적당한 것을 넣으시오.

1. _____ wir letztes Jahr im Urlaub in Schweden waren, hatten wir großes Glück mit dem Wetter.

2. Ernst ： _____ darf ich fernsehen?
   Frau Wagner ： _____ du deine Hausaufgaben gemacht hast.

3. _____ die Sonne schien, machten wir immer lange Wanderungen, und _____ es regnete, blieben wir zu Hause.

C 다음 빈 칸에 알맞은 접속사를 넣으시오.

보기
dass	deshalb	obwohl
weil	nachdem	während=solange

1. Ich denke, (   ) die Frau um sieben Uhr ankommt.
2. Wir fahren nach Deutschland, (   ) Georg uns eingeladen hat.
3. Ich nehme keinen Regenschirm mit, (   ) es regnet.
4. (   ) Hans mit der Frau gesprochen hatte, ist er mit dem Auto nach Hause gefahren.
5. (   ) ich koche, kannst du den Tisch decken.

B 3. Wanderungen machen 산행하다

C 3. einladen 초대하다 (분리동사)
4. Regenschirm m. 우산
5. den Tisch decken 식탁을 차리다

B 1. Als   2. Wann, Wenn
3. Wenn, wenn

C 1. dass   2. weil
3. obwohl   4. Nachdem
5. Während / Solange

11 어순 Wortfolge

독일어 문장의 어순은 동사의 위치에 따라 크게 세 가지로 나뉜다. 첫째, 평서문인 주문장에서 정동사(인칭 변화한 형태)는 항상 문장의 두 번째 위치를 차지하며, 의문사가 있는 의문문도 여기에 해당한다. 둘째, 정동사가 문장의 첫 번째 위치에 오는 경우는 대부분 의문사가 없는 의문문과 명령문이 해당된다. 세 번째, 독일어 정동사는 종속접속사로 인도되는 부문장의 끝에 위치한다.

1. 정동사가 문장의 두 번째 위치에 오는 경우

❶ 동사의 위치

■ 주문장에서 동사는 두 가지 유형으로 구분된다: (1) 정동사가 두 번째 위치에 오거나, (2) 동사가 두 부분으로 구성되어 있는 경우, 동사를 두 번째 위치와 문미에 위치한다. 이 때, 정동사는 항상 두 번째 위치를 차지한다.

◆ Heute beginnt der Film um 20 Uhr. 오늘 그 영화는 오후 8시에 시작한다.

주의 다음 도표에서 heute 오늘, gestern 어제, wann 의문사:언제 이 문장의 첫 번째 위치를 차지하고 있음에 유의할 것. 과거분사와 부정형, 분리전철이 문미에 위치함에도 유의할 것.

	두 번째 위치		문미
Heute	beginnt	der Film um 20 Uhr.	
Heute	fängt	der Film um 20 Uhr	an.
Gestern	hat	der Film um 20 Uhr	begonnen.
Gestern	hat	der Film um 20 Uhr	angefangen
Heute	muss	der Film um 20 Uhr	beginnen.
Heute	muss	der Film um 20 Uhr	anfangen.
Wann	beginnt	der Film heute?	
Wann	fängt	der Film heute	an?

주의 anfangen은 분리동사로서 beginnen과 뜻이 같다. 분리동사는 13장 참조

❷ 문장 내에서 첫 번째 위치

■ 문어(글말)에서는 거의 모든 문장성분이 첫 번째 위치에 올 수 있다. 문장의 첫 번째에 쓰이는 문장성분은 특별히 강조의 의미를 갖는다. 구어(입말)에서는 대개 다음의 성분들이 문장의 첫 번째 위치에 온다.

①명사 ②대명사 ③부사 ④시간을 나타내는 부사구 ⑤장소를 나타내는 부사구
⑥전치사구 ⑦부문장

첫 번째 위치	두 번째 위치		문미
Meine Freundin	*ist*	heute um 6. 32 Uhr	*angekommen.*
Sie	*ist*	heute um 6. 32 Uhr	*angekommen.*
Heute	*ist*	meine Freundin	*angekommen.*
Um 6. 32 Uhr	*ist*	sie	*angekommen.*
In München	*würde*	ich auch gern	*studieren.*
Durch meine Krankheit	*bin*	ich immer noch sehr	*geschwächt.*
Wenn du willst,	*kannst*	du mich auch	*besuchen.*

나의 여자친구는 오늘 여섯 시 삼십이분에 도착했다.

그녀는 오늘 여섯 시 삼십이분에 도착했다.

오늘 나의 여자친구가 도착했다.

여섯 시 삼십이분에 그녀가 도착했다.

뮌헨에서 나도 공부하고 싶다.

나의 병 때문에 나는 아직도 심히 약해져 있다.

네가 원한다면, 너는 나를 방문할 수 있다.

❸ 문장의 중장

■ 동사의 두 구성부분 문장의 두 번째 자리와 문미 사이의 문장의 부분을 중장이라고 부른다. 문장의 첫 번째 위치에는 한가지 성분만이 올 수 있기 때문에, 중장에서 나머지 성분들이 다 오게 된다. 중장에서의 순서는 대개 짧은 문장성분이 긴 문장성분 앞에 kurz vor lang 이라는 규칙이 적용된다.

> Ⓐ 명사 앞에 대명사
> Ⓑ 명사들의 순서:1격, 3격, 4격, 2격
> Ⓒ 대명사들의 순서:1격, 4격, 3격
> Ⓓ 전치사의 목적어 앞에 3격/4격 목적어
> Ⓔ 부가어의 어순(대부분의 경우):시간(wann?), 이유(warum?), 방법(wie?), (wo?)
> Ⓕ (부정관사를 동반한) 새로운 정보 앞에 (정관사를 동반한) 알려진 정보
> Ⓖ 부가어는 종종 두 목적어 사이에 위치한다.

■ 이 유형에 따라 다음의 문장 예들을 살펴보자.

유형	두 번째 위치			문미
B	Peter 1격	hat	heute seiner Frau Blumen 3격　　　4격	mitgebracht.
B	Heute	hat	Peter seiner Frau Blumen 1격　3격　　4격	mitgebracht.
A	Er	hat	ihr heute Blumen	mitgebracht.
A+C	Heute	hat	er ihr Blumen	mitgebracht.
C	Heute	hat	er sie ihr	mitgebracht.
A	Sie	hat	sich gerade die Hände	gewaschen.
A+C	Gerade	hat	sie sich die Hände	gewaschen.
D+B	Er	hat	seiner Frau eine Bluse aus Seide	mitgebracht.
D	Gestern	hat	sie einen Brief an ihren Freund	geschrieben.
E	Gestern	bin	ich um 6, 32 Uhr in Frankfurt 시간　　　　장소	angekommen.
E	Gestern	bin	ich wegen des Schnees mit dem Zug 이유　　　　　방법	gefahren.
F	Ich	habe	dem Sohn meines Freundes ein Buch 알려진 정보　　　　　　새로운 정보	geliehen.
G	Ich	danke	dir　herzlich für die Blumen. 목적어　부가어　　전치사의 목적어	
G	Bei der Kälte	muss	ich　mir unbedingt einen Anorak 주어　목적어　부가어　　　목적어	kaufen.

페터는 오늘 그의 아내에게 꽃을 가져다 주었다.
오늘 페터는 그의 아내에게 꽃을 가져다 주었다.
그는 그녀에게 오늘 꽃을 가져다 주었다.
오늘 그는 그녀에게 꽃을 가져다 주었다.
오늘 그는 그녀에게 그것을 가져다 주었다.
그녀는 방금 손을 씻었다.
방금 그녀는 손을 씻었다.
그는 그의 아내에게 실크로 만든 블라우스를 가져다 주었다.
어제 그녀는 편지를 그녀의 친구에게 썼다.
어제 나는 여섯시 삼십이분에 프랑크푸르트에 도착했다.
어제 나는 눈 때문에 기차를 타고 갔다.
나는 내 친구의 아들에게 책 한 권을 빌려 주었다.
나는 너에게 진심으로 꽃에 대해서 감사한다.
추위 때문에 나는 꼭 아노락 재킷(방풍·방한용 외투)을 사야만 한다.

■ 4격과 3격의 목적어는 일반적으로 중장에 위치한다. 단지 목적어가 아주 강조될 때에는 문장의 첫 번째 자리에 올 수 있다. es는 목적어로서 문장의 초장에 올 수 없다.

■ es = 4격의 인칭 대명사, 강조되지 않음
    ◈ Ich habe es mir schon gedacht.   나는 그것을 이미 생각했다.

■ das = 4격의 지시 대명사, 강조됨
    ◈ *Das* habe ich mir schon gedacht!   그것을 나는 이미 생각했다.

❹ 부정어 Negationswort 의 위치

■ nicht는 문장전체나 부분을 부정할 때 사용한다.
    ◈ Ich habe nicht so viel Zeit.   나는 시간이 그렇게 많지는 않다.
      Der Rucksack darf nicht zu groß sein.   배낭은 너무 클 필요가 없다.

■ nicht의 위치는 변화가 많다. 여기에서는 몇가지 원칙을 제시한다.

> **A** nicht가 전체문장을 부정하는 경우에는 문장 끝에 오지만, 원래 문장 끝에 오는 분리전철, 과거분사, 부정형, 전치사 목적어, 술어적 형용사보다는 앞에 온다.

    ◈ Das haben wir leider nicht.   유감스럽게도 우리는 그것을 갖고 있지 않다. 문장 끝
      Ich gehe nicht einkaufen.   나는 쇼핑하러 가지 않는다. 부정형 앞
      Ich habe ihn nicht angerufen.   나는 그에게 전화하지 않았다. 과거분사 앞

> **B** 서술어의 두 번째 성분 앞. 즉, 술어적 형용사, 주격 명사, 전치사구, 동사를 수식하는 부사, 부정동사 앞에 온다.

    ◈ Der Rucksack ist nicht teuer.   배낭은 비싸지 않다. 술어적 형용사 앞
      Das ist nicht meine Tasche.   그것은 나의 가방이 아니다. 주격 명사 앞
      Ich interessiere mich nicht für Technik. 나는 기술에는 관심이 없다. 전치사 목적어 앞
      Der Lehrer spricht nicht schnell.   선생님은 빠르지 않게 말하신다. 동사를 수식하는 부사 앞
      Du sollst es nicht kaufen.   너는 그것을 사서는 안 된다.

> **C** nicht가 특정 성분을 부정하는 경우에는, 해당 성분의 앞에 온다.

    ◈ Ich gehe nicht heute einkaufen, sondern morgen.
                                나는 오늘 쇼핑하러 가는 것이 아니라 내일 간다.
      Ich habe nicht so viel Zeit.   나는 그리 시간이 많지 않다.

■ schon 벌써 ↔ noch nicht, noch kein 아직도 ~이 아니다

◆ Ist Peter schon hier?　　　　　　　　　　페터가 벌써 여기에 왔니?
　Nein, Peter ist noch nicht hier.　　　　아니, 페터는 아직 여기에 오지 않았어.
　Wollen Sie schon gehen?　　　　　　　당신은 벌써 떠나려 하십니까?
　Nein, ich will noch nicht gehen.　　　아니요, 나는 아직 떠나고 싶지 않아요.

■ noch 아직도 ↔ nicht mehr, kein …mehr 더이상 ~이 아니다

◆ Wohnen Sie noch hier?　　　　　　　　당신은 아직도 여기 사십니까?
　Nein, ich wohne nicht mehr hier.　　아니요, 저는 더 이상 여기에 살지 않습니다.
　Hast du noch Zeit?　　　　　　　　　　너는 아직 시간이 있니?
　Nein, ich habe keine Zeit mehr.　　아니, 나는 더 이상 시간이 없어.

❺ 문장의 마지막 부분 종장

■ 문장의 마지막 부분에는 다음과 같은 비교문장이 올 수 있다.

두 번째 위치(정동사)			문미(종장)
Der Film	*ist*	interessanter gewesen,	*als ich gedacht habe.*
Der Film	*ist*	nicht so interessant gewesen,	*wie ich gedacht habe.*

그 영화는 내가 생각했던 것보다 재미있었다.
그 영화는 내가 생각했던 것만큼 재미있지는 않았다.

❻ 의문사가 있는 의문문

	두 번째 위치(정동사)		문미
Wie	*heißen*	Sie?	
Wann	*fängt*	der Film	*an?*

당신의 이름은 무엇입니까?
언제 영화가 시작합니까?

❼ 등위접속사와 접속사적 부사로 인도되는 주문장 10장 참조

2. 정동사가 문장의 첫 번째에 오는 경우

❶ 긍정, 부정의 대답을 요구하는 Ja/Nein 의문문

첫 번째 자리		문미
Kommt	er?	
Wohnen	Sie	*in Berlin?*
Müsst	ihr	*gehen?*

그가 오니?
당신은 베를린에 사십니까?
너희들은 가야만 하니?

❷ 명령법

첫 번째 자리		문미
Komm	bitte hierher!	
Macht	doch bitte die Tür	*zu!*
Nehmen	Sie doch noch etwas zu essen!	

이쪽으로 좀 와라!
문 좀 닫아라!
먹을 것 좀 더 드세요!

 명령법에 대해서는 7장을 참조.

3. 정동사가 문미에 오는 경우

■ 부문장은 주문장을 보충하며, 하나의 주문장과 연결되어 나타난다.
규칙 : 부문장에서 정동사는 항상 문미에 위치한다.
다른 문장 구성성분의 순서에 관해서는 주문장에서의 중장에 관한 규칙이 똑같이 적용된다.

 주문장의 중장에 관해서는 앞장을 참조.

주문장 동사는 두 번째 위치에 옴	부문장 동사는 문마에 옴
Ich **lerne** Deutsch,	weil ich in Deutschland **arbeite.**
Ich **lerne** Deutsch,	weil ich in Deutschland **arbeiten möchte.**
Ich **habe** Deutsch gelernt,	als ich in Deutschland **gearbeitet habe.**

나는 독일에서 일하기 때문에, 독일어를 공부한다.
나는 독일에서 일하고 싶기 때문에, 독일어를 공부한다.
독일에서 일했을 때, 나는 독일어를 배웠다.

부문장 문장의 첫 번째 위치를 차지할 때	주문장 정동사는 두 번째 위치에 옴
Als ich in Deutschland gearbeitet habe,	habe ich Deutsch gelernt.

내가 독일에서 일했을 때, 나는 독일어를 배웠다.

 부문장을 유도하는 종속 접속에 대해서는 10장을 참조.

4. zu 부정형 동사구

❶ zu를 가진 동사원형은 zu를 포함하는 구 끝에 온다

◈ Es war schön. Ich habe Sie endlich kennen gelernt.
  =Es war schön, Sie endlich kennen zu lernen.
    당신을 알게 되어서 기뻤습니다.

  Haben Sie morgen Zeit? Ich möchte mit Ihnen sprechen.
  =Haben Sie morgen Zeit, mit mir zu sprechen?
    당신은 내일 나와 이야기할 시간이 있습니까?

❷ um~ zu ~하기 위해서

◈ Ich reise nach Deutschland. Ich möchte dort studieren.
  =Ich reise nach Deutschland, um dort zu studieren.
    나는 공부하기 위해서 독일로 간다.

❸ ohne~zu ~없이

◈ Ich habe ein Jahr dort gelebt. Ich habe Ihren Sohn nicht kennen gelernt.
  =Ich habe ein Jahr dort gelebt, ohne Ihren Sohn kennen zu lernen.
    나는 당신의 아들을 모른 채 거기에서 일 년 동안 살았다.

Übungen

A Rolf는 무엇을 하나? 아래의 표현을 빈 칸에 알맞게 넣으시오.

보기

er	im Sommer	im Moment
er	kommt	samstags
treibt	wohnt	

1. Rolf (　　　) aus Köln.
2. (　　　) studiert er in Hamburg.
3. Seine Großmutter (　　　) noch in Köln.
4. (　　　) geht Rolf oft ins Kino.
5. Am Wochenende wandert (　　) in den Bergen.
6. Außerdem (　　　) er gern Sport.
7. (　　　) geht er surfen.
8. (　　　) geht auch ins Konzert.

Lösung

A 1. aus Köln kommen 쾰른 출신이다
4. ins Kino gehen 영화구경 가다
6. Sport treiben 운동하다

A 1. kommt　2. Im Moment　3. wohnt
4. Samstags　5. er　6. treibt
7. Im Sommer　8. Er

B 다음 문장부분을 바르게 배열하시오.
   (단, 첫 번째 제시된 단어를 문장의 첫부분에 놓을 것)

1. Gestern - ich - um 8 Uhr - bin aufgestanden

2. Er - immer - zu spät - kommt

3. Dieses Jahr - unser Sohn - nicht mit uns - in Urlaub - möchte fahren

4. Nächste Woche - dich - ich - besuchen - sicher

C 다음 문장은 어순이 틀립니다. 주어가 앞에 오되 가장 자연스러운 어순으로 고치시오.

1. Ich fahre mit dem Zug heute nach Hause.

2. Er musste vor dem Theater lange auf mich gestern warten.

3. Ich kann nach Hause dich gern fahren.

4. Wir sind in die Berge am Sonntag zum Wandern gefahren.

B 3. in Urlaub fahren 휴가 가다

C 1. 시간+방법+장소
3. jn. nach Hause fahren 누구를 집에 태워 주다

B 1. Gestern bin ich um 8 Uhr aufgestanden.
2. Er kommt immer zu spät.
3. Dieses Jahr möchte unser Sohn nicht mit uns in Urlaub fahren.
4. Nächste Woche besuche ich dich sicher.

C 1. Ich fahre heute mit dem Zug nach Hause.
2. Er musste gestern vor dem Theater lange auf mich warten.
3. Ich kann gern dich nach Hause fahren.
4. Wir sind am Sonntag zum Wandern in die Berge gefahren.

불규칙동사 변화표

* 는 중요 단어를 표시한 것임

부정형	직설법 현재형	직설법 과거형	과거분사	명령법
*backen (빵을)굽다	du bäckst / backst er bäckt / backt	backte	gebacken	back(e)!
*beginnen 시작하다		begann	begonnen	beginn(e)!
*beißen (깨)물다		biss	gebissen	beiß(e)!
*bieten 제공하다		bot	geboten	biet(e)!
*bitten 요청하다		bat	gebeten	bitt(e)!
*bleiben 머무르다		blieb	geblieben	bleib(e)!
braten (고기를)굽다	du brätst er brät	briet	gebraten	brat!
*brechen 깨지다/깨다	du brichst er bricht	brach	gebrochen	brich!
*brennen (불)타다		brannte	gebrannt	brenn(e)!
*bringen 가져오다		brachte	gebracht	bring(e)!
*denken 생각하다		dachte	gedacht	denk(e)!
*dürfen 해도 좋다	ich darf du darfst er darf	durfte	gedurft	
*empfehlen 추천하다	du empfiehlst er empfiehlt	empfahl	empfohlen	empfiehl!
*essen 먹다	du isst er isst	aß	gegessen	iss!
*fahren (차를)타고 가다	du fährst er fährt	fuhr	gefahren	fahr(e)!
*fallen 떨어지다	du fällst er fällt	fiel	gefallen	fall(e)!
*fangen (붙)잡다	du fängst er fängt	fing	gefangen	fang(e)!
fechten 싸우다	du fichtst er ficht	focht	gefochten	ficht!
*fliegen 날다		flog	geflogen	flieg(e)!
*fliehen 달아나다		floh	geflohen	flieh(e)!

부정형	직설법 현재형	직설법 과거형	과거분사	명령법
*fließen 흐르다		floss	geflossen	fließ(e)!
fressen (짐승이)먹다	du frisst er frisst	frass	gefressen	friss!
*geben 주다	du gibst er gibt	gab	gegeben	gib!
gedeihen 번영하다		gedieh	gediehen	gedeih(e)!
*gehen 가다		ging	gegangen	geh(e)!
genesen 낫다		genas	genesen	genes(e)!
*genießen 누리다		genoss	genossen	genieß(e)!
*geschehen (사건이)일어나다		geschah	geschehen	
*gewinnen 얻다, 이기다		gewann	gewonnen	gewinn(e)!
*gießen 붓다		goss	gegossen	gieß(e)!
*graben 파다	du gräbst er gräbt	grub	gegraben	grab(e)!
*haben 가지다	du hast er hat	hatte	gehabt	hab(e)!
*halten 지니다, 멈추다	du hälst er hält	hielt	gehalten	halt(e)!
*hängen 걸려 있다		hing	gehangen	häng(e)!
heben 올리다		hob / hub	gehoben	heb(e)!
*heißen …라고 불리우다		hieß	geheißen	heiß(e)!
*helfen 돕다	du hilfst er hilft	half	geholfen	hilf!
*kennen 알다		kannte	gekannt	kenn(e)!
*klingen 울리다		klang	geklungen	kling(e)!
*kommen 오다		kam	gekommen	komm(e)!
*können …할 수 있다	ich kann du kannst er kann	konnte	gekonnt	

부정형	직설법 현재형	직설법 과거형	과거분사	명령법
kriechen 기다		kroch	gekrochen	kriech(e)!
*laden 싣다, 옮기다	du lädst er lädt	lud	geladen	lad(e)!
*lassen …하게 하다	du lässt er lässt	ließ	gelassen	lass!
*laufen 달리다	du läufst er läuft	lief	gelaufen	lauf(e)!
*leihen 빌려주다		lieh	geliehen	leih(e)!
*lesen 읽다	du liest er liest	las	gelesen	lies!
*liegen 놓여있다		lag	gelegen	lieg(e)!
meiden 피하다		mied	gemieden	meid(e)!
*mögen 좋아하다	ich mag du magst er mag	mochte	gemocht	
*müssen …해야 한다	ich muss du musst er muss	musste	gemusst	
*nehmen 잡다, 받다	du nimmst er nimmt	nahm	genommen	nimm!
preisen 칭찬하다		pries	gepriesen	preis(e)!
*raten 조언하다	du rätst er rät	riet	geraten	rat(e)!
reiben 문지르다		rieb	gerieben	reib(e)!
*reiten 말을 타다/타고가다		ritt	geritten	reit(e)!
rennen 질주하다		rannte	gerannt	renn(e)!
riechen 냄새나다		roch	gerochen	riech(e)!
ringen 격투하다		rang	gerungen	ring(e)!
*rufen 부르다		rief	gerufen	ruf(e)!
saugen (젖을)빨다		sog	gesogen	saug(e)!
*schaffen 창작(창조)하다		schuf	geschaffen	schaff(e)!

부정형	직설법 현재형	직설법 과거형	과거분사	명령법
*scheiden 분리하다/헤어지다		schied	geschieden	scheid(e)!
*scheinen 비치다		schien	geschienen	schein(e)!
schelten 꾸짖다	du schilst er schilt	schalt	gescholten	schelt!
scheren 자르다		schor	geschoren	scher(e)!
*schießen 쏘다/질주하다		schoss	geschossen	schieß(e)!
schinden 가죽을 벗기다		schund	geschunden	schind(e)!
*schlafen 잠자다	du schläfst er schläft	schlief	geschlafen	schlaf(e)!
*schlagen 치다, 때리다	du schlägst er schlägt	schlug	geschlagen	schlag(e)!
schleifen 갈다, 연마하다		schliff	geschliffen	schleif(e)!
schließen 닫다, 잠그다		schloss	geschlossen	schließ(e)!
schlingen 휘감다		schlang	geschlungen	schling(e)!
schmeißen 던지다		schmiss	geschmissen	schmeiß(e)!
*schmelzen 녹다	du schmilzt er schmilzt	schmolz	geschmolzen	
*schneiden 자르다		schnitt	geschnitten	schneid(e)!
*schrecken 놀라다	du schrickst er schrickt	schrak	geschrocken	schrick!
*schreiben 쓰다		schrieb	geschrieben	schreib(e)!
*schreien 외치다		schrie	geschrien	schrei(e)!
schreiten 걷다		schritt	geschritten	schreit(e)!
schwären 곪다		schwor	geschworen	schwier!
schwellen 부풀다, 커지다	du schwillst er schwillt	schwoll	geschwollen	schwill!
schweigen 침묵하다		schwieg	geschwiegen	schweig(e)!
*schwimmen 헤엄치다		schwamm	geschwommen	schwimm(e)!

부정형	직설법 현재형	직설법 과거형	과거분사	명령법
*schwinden 사라지다		schwand	geschwunden	schwind(e)!
schwören 맹세하다		schwur	geschworen	schwör(e)!
*sehen 보다	du siehst er sieht	sah	gesehen	sieh(e)!
*sein …이다, 있다	ich bin du bist er ist	war	gewesen	sei!
*senden 보내다		sandte	gesandt	send(e)!
*singen 노래부르다		sang	gesungen	sing(e)!
*sinken 가라앉다		sank	gesunken	sink(e)!
sinnen (곰곰히)생각하다		sann	gesonnen	sinn(e)!
*sitzen 앉아 있다		saß	gesessen	sitz(e)!
*sollen …해야 한다	ich soll du sollst er soll	sollte	gesollt	
spalten 쪼개다		spaltete	gespalten gespaltet	spalt(e)!
spleißen 쪼개다		spliss	gesplissen	spleiß(e)!
*sprechen 말하다	du sprichst er spicht	sprach	gesprochen	sprich!
*springen 뛰어오르다		sprang	gesprungen	spring(e)!
*stechen 찌르다	du stichst er sticht	stach	gestochen	stich!
*stehen 서 있다		stand	gestanden	steh(e)!
*stehlen 훔치다	du stiehlst er stiehlt	stahl	gestohlen	stiehl!
*sterben 죽다	stirbst stirbt	starb	gestorben	stirb!
stieben 흩어지다		stob	gestoben	stieb(e)!
stoßen 마주치다/밀치다	du stösst er stösst	stieß	gestossen	stoß(e)!
*streiten 다투다		stritt	gestritten	streit(e)!

부정형	직설법 현재형	직설법 과거형	과거분사	명령법
*tragen 나르다	du trägst er trägt	trug	getragen	trag(e)!
*treffen 만나다	du triffst er trifft	traf	getroffen	triff!
treiben 몰다/밀려가다		trieb	getrieben	treib(e)!
*treten 밟다/(들어)가다	du trittst er tritt	trat	getreten	tritt!
*trinken 마시다		trank	getrunken	trink(e)!
*tun (행)하다		tat	getan	tu(e)!
verderben 망하다/상하다	du verdirbst er verdirbt	verdarb	verdorben	verdirb!
verdrießen 불쾌하게 하다		verdross	verdrossen	verdrieß(e)!
*vergessen 잊다	du vergisst er vergisst	vergaß	vergessen	vergiss!
*verlieren 잃다		verlor	verloren	verlier(e)!
*wachsen 자라다	du wächst er wächst	wuchs	gewachsen	wachs(e)!
wiegen (무게를)달다		wog	gewogen	wieg(e)!
*waschen 씻다	du wäschst er wäscht	wusch	gewaschen	wasch(e)!
weichen 양보하다		wich	gewichen	weich(e)!
*weisen 가리키다		wies	gewiesen	weis(e)!
werben 구하다, 광고하다	du wirbst er wirbt	warb	geworben	wirb!
*werden 되다	du wirst er wird	wurde / ward	geworden / worden	werd(e)!
*wissen 알고 있다	ich weiß du weißt er weiß	wusste	gewusst	wisse!
*wollen 원하다	ich will du willst er will	wollte	gewollt	wolle!
*ziehen 끌다, 이동하다		zog	gezogen	zieh(e)!
*zwingen 강요하다		zwang	gezwungen	zwing(e)!

주요숙어 및 관용구

□ **ab und zu (= dann und wann = von Zeit zu Zeit)** / **때때로**
Er besucht mich ab und zu. / 그는 때때로 나를 방문한다.

□ **als ob (als wenn) + 접속법 2식** / **마치 …처럼**
Er spricht Deutsch, als ob er ein Deutscher wäre. / 그는 마치 독일 사람처럼 말한다.

□ **am Ende (= zum Schluss = endlich, schließlich)** / **끝에, 결국**
Am Ende eines Schuljahres machen die Schüler die Prüfung. / 학년 말에 학생들은 시험을 치른다.

□ **sich⁴ an etw.⁴ gewöhnen** / **…에 익숙하다**
Ich habe mich schon an seine Abwesenheit gewöhnt. / 그의 결석은 내게 이미 익숙해졌다.

□ **an einer Krankheit sterben** / **어떤 병으로 죽다**
Er ist an AIDS gestorben. / 그는 에이즈로 죽었다.

□ **an etw.³ reich (arm) sein** / **…이 풍부(부족)하다**
Das Land ist reich an natürlichen Schätzen. / 그 나라는 천연자원이 풍부하다.
Er ist arm an Mut. / 그는 용기가 부족하다.

□ **an der Reihe** / **차례**
Sie sind an der Reihe. / 그들의 차례이다.

□ **an etw.³ teilnehmen** / **…에 참가하다**
Ich habe im Winter an der Konferenz in Seoul teilgenommen. / 나는 지난 겨울 서울에서 회의에 참석했다.

□ **anstatt ~ zu** / **…하는 대신에**
Er sah nur zu, anstatt mir zu helfen. / 그는 나를 도와주기는 커녕 바라보기만 했다.

□ **auf und ab (= hin und her)** / **이리저리**
Er geht vor der Tür auf und ab. / 그는 문 앞에서 이리저리 배회하고 있다.

□ **jm. auf etw.⁴ antworten** / **…에게 …에 대해 대답하다**
Er antwortet mir auf die Frage. / 그는 나의 질문에 대답한다.

□ **auf jn. einen Eindruck machen** / **…에게 어떤 인상을 주다**
Er machte auf mich einen guten Eindruk. / 그는 나에게 좋은 인상을 주었다.
Der Roman machte auf mich keinen Eindruk. / 그 소설은 나에게 아무런 감명도 주지 못했다.

□ **auf einmal (= plötzlich)** / **갑자기; 한번에, 동시에**
Auf einmal fängt es an, zu regnen. / 갑자기 비가 오기 시작한다.
Auf einmal donnerte es. / 갑자기 번개가 쳤다.

□ **auf ewig (= auf immer = für immer)** / **영원히**
Er hat seine Heimat auf ewig verlassen. / 그는 고향을 영원히 떠났다.

□ **auf jeden Fall (= auf alle Fälle)** / **어떠한 경우에도 / 어쨌든**
Auf jeden Fall wird er kommen. / 어쨌든 그는 올 것이다.

□ **es fehlt (mangelt) jm. an etw.³** / **부족하다**
Es fehlt mir an Geld. / 나는 돈이 없다.
Es mangelt ihm an Bildung. / 그는 교양이 부족하다.

□ auf etw.⁴ hoffen	…을 기대하다
Ich hoffe auf eine gute Note.	나는 좋은 점수를 기대한다.
Er hoffte auf ein Wunder.	그는 기적을 기대했다.
□ auf der Stelle	그 자리에, 즉석에서
Er war auf der Stelle tot.	그는 즉사했다.
□ auf etw.⁴ stolz sein	…을 자랑스럽게 여기다
Du kannst auf deinen Erfolg stolz sein.	너는 너의 성공을 자랑할 수 있다.
Sie ist stolz auf ihren Sohn.	그녀는 자기의 아들을 자랑스럽게 여긴다.
□ mitten auf der Straße	길 한복판에
Er steht mitten auf der Straße.	그는 길 한복판에 서 있다.
□ sich⁴ auf jn.(etw.⁴) verlassen	…를 믿다
Ich verlasse mich auf dich.	나는 너를 믿는다.
Auf ihn/Auf sein Wort kann ich mich nicht verlassen.	그를/그의 말을 믿을 수 없다.
□ auf jn.(etw.⁴) warten	…를 기다리다
Viele Leute warten auf den Bus.	많은 사람들이 버스를 기다리고 있다.
Ich habe lange auf ihn gewartet.	나는 오랫동안 그를 기다렸다.
□ auf dem Weg(e)	도중에
Ich traf ihn gestern auf dem Weg zur Schule.	나는 어제 학교로 가는 도중에 그를 만났다.
□ sich⁴ auf den Weg machen	출발하다
Er machte sich eben erst auf den Weg.	그는 지금 막 출발했다.
□ auf js. Wunsch	…의 소원에 따라서
Alles geht auf meinem Wunsch.	모든 것이 내 소원대로 되어간다.
□ aus etw.³ bestehen	…으로 구성되다
Die Wohnung besteht aus vier Zimmern.	이 집은 4개의 방으로 되어 있다.
Dieses Buch besteht aus fünf Teilen.	이 책은 5부로 구성되어 있다.
□ aus der Ferne (= von weitem)	멀리서부터
Ich sah ihn schon aus der Ferne.	나는 멀리서 이미 그를 보았다.
□ aus Gold	금으로 만들어진
Der Ring ist aus Gold.	그 반지는 금반지이다.
□ aus etw.³ stammen	…의 태생, 출신이다
Er stammt aus einer reichen Familie.	그는 부유한 가정 출신이다.
□ außer sich³ sein	어쩔 줄 모르고
Er ist vor Freude außer sich.	그녀는 기뻐서 어쩔 줄을 모른다.
□ bald ~, bald ~	금방 …, 금방 …
Er sagt bald ja, bald nein.	그는 금방 긍정하다가 금방 부정한다.
Bald regnet es, bald schneit es.	금방 비가 오다 금방 눈이 온다.
□ bei der Abfahrt(Ankunft)	출발(도착)시에
Bei der Abfahrt waren alle aufgeregt.	출발시에는 모두가 흥분하였다.
□ Besuch haben	손님을 맞다.
Er hatte gestern Besuch.	그는 어제 손님을 맞았다.

☐ **bei dieser Gelegenheit**	**이 기회에**
Bei dieser Gelegenheit möchte ich ihm einmal begegnen.	이 기회에 나는 그를 한번 만나보고 싶다.
☐ **bei sich³ haben**	**휴대하다**
Er hat viel Geld bei sich.	그는 많은 돈을 휴대하고 있다.
Ich habe kein Geld bei mir.	내 수중에는 돈이 없다.
☐ **die/eine/js. Prüfung/Examen bestehen**	**시험에 합격하다**
Er hat seine letzte Prüfung bestanden.	그는 마지막 시험에 합격했다.
☐ **bis dahin**	**그곳까지, 그때까지**
Sagen Sie bitte bis dahin!	그때까지 말씀해 주세요!
☐ **die ganze Nacht durch (hindurch)**	**밤새도록**
Sie haben die ganze Nacht hindurch Karten gespielt.	그들은 밤새도록 카드놀이를 했다.
☐ **entweder ~, oder ~**	**···이거나 아니면 ···이다**
Ich reise entweder heute oder morgen ab.	나는 오늘 아니면 내일 떠난다.
Entweder kommst du, oder du musst bald schreiben.	너는 오든지 아니면 곧 편지를 써야 한다.
☐ **Auto fahren**	**자동차로 운전하다**
Ich kann Auto fahren.	나는 자동차를 운전할 수 있다.
☐ **erster/zweiter Klasse fahren**	**1/2등 석으로 가다**
Er fährt erster Klasse.	그는 1등 석으로 간다.
☐ **für js. Alter**	**나이에 비해서**
Das Kind ist groß für sein Alter.	그 아이는 자기 나이에 비해 키가 크다.
☐ **jm. für etw.⁴ dankbar sein**	**···에게 ···에 대해 감사하다**
Ich bin meiner Mutter sehr dankbar für ihre Liebe.	나는 어머니의 사랑에 진심으로 감사한다.
☐ **sich⁴ für etw.⁴ interessieren**	**···에 흥미/관심을 가지다**
Er interessiert sich nicht für die Mathematik.	그는 수학에는 전혀 흥미가 없다.
☐ **jn. für etw.⁴ halten**	**···를 ···으로 간주하다**
Hältst du mich für einen Narren?	너는 나를 바보로 생각하느냐?
☐ **Tag für Tag**	**날마다**
Das Kind wächst Tag für Tag.	아이는 날마다 성장한다.
☐ **Eile haben**	**급하다, 서두르다**
Ich habe Eile.	나는 급하다.
☐ **Erfolg haben**	**성공하다**
Er hatte Erfolg in seinem Studium.	그는 대학에서 공부를 잘 했다.
☐ **frei haben/sein**	**(학교, 직장에서) 쉬다**
Wir haben heute frei.	우리는 오늘 쉰다.
☐ **gern/lieb haben (= mögen)**	**좋아하다**
Ich habe ihn sehr gern.	나는 그를 아주 좋아한다.
☐ **Glück haben**	**운이 좋다**
Du hast immer Glück.	너는 언제나 운이 좋다.

□ Recht haben	옳다
Du hast Recht.	너가 옳다.

□ Hunger haben	배가 고프다
Ich habe großen Hunger.	나는 몹시 배가 고프다.

□ Zahnschmerzen haben	이가 아프다
Ich habe heute Zahnschmerzen.	나는 오늘 이가 아프다.

□ eine Rede halten	연설하다
Der Minister hält eine Rede im Rundfunk.	장관이 라디오에서 연설을 한다.

□ das/js. Versprechen halten	약속을 지키다
Er hat sein Versprechen gehalten.	그는 약속을 지켰다.

□ im Allgemeinen/in der Regel	일반적으로
Im Allgemeinen verstehen wir uns gut.	일반적으로 우리는 서로 잘 이해하는 편이다.
In der Regel stehe ich früh auf.	보통 나는 일찍 일어난다.

□ im Augenblick (= sofort)	즉시, 곧
Es war im Augenblick geschehen.	그것은 순식간에 일어났다.

□ im letzten Augenblick	최후의 순간에
Im letzten Augenblick traf er die richtige Entscheidung.	마지막 순간에 그는 옳은 결정을 내렸다.

□ ins Bett gehen	취침하다
Er geht heute etwas früh ins Bett.	그는 오늘 약간 일찍 취침한다.

□ ins Freie (= draußen)	밖으로, 야외로
Wir machen heute einen Ausflug ins Freie.	우리는 오늘 교외로 소풍을 간다.

□ im Frühling	봄에
Im Frühling werden die Bäume wieder grün.	봄에 나무들은 다시 푸르러진다.

□ Arm in Arm	팔장을 끼고
Sie ging mit ihm Arm in Arm.	그녀는 그와 팔짱을 끼고 걸었다.

□ in diesem Fall	이 경우에
In diesem Fall werde ich zum Arzt gehen.	이 경우에 나는 의사에게 갈 것이다.

□ in der Mitte	한가운데
Er wohnt in der Mitte der Stadt.	그는 도시의 중심부에 살고 있다.

□ in der Nähe/Ferne	가까운 곳/먼 곳에
Er wohnt ganz in der Nähe.	그는 아주 가까이에 살고 있다.
Wo ist ein Parkplatz hier in der Nähe?	이 부근 어디에 가까운 주차장이 있습니까?

□ etw.⁴ in Ordnung bringen	…을 정리(정돈)하다
Er brachte seinen Haushalt in Ordnung.	그는 가사를 정리했다.

□ in die/zur Schule gehen	학교에 가다
Wir gehen jeden Morgen in die Schule.	우리는 매일 아침 학교에 간다.

□ in der Tat (= tatsächlich)	실제로, 사실상
In der Tat hatte er Recht.	실제로 그가 옳았다.

☐ etw.⁴ in zwei Teile teilen	…을 두 조각으로 나누다
Er teilte die Tafel Schokolade in zwei Teile.	그는 초콜렛을 두 조각으로 나누었다.
☐ sich⁴ in jn. verlieben	…에게 반하다
Er hat sich in sie verliebt.	그는 그녀에게 반했다.
☐ in dieser Weise (= auf diese Weise)	이러한 방법으로
Auf diese Weise geht es nicht.	이러한 방법으로는 안 된다.
☐ in dieser Woche (= diese Woche)	이번 주에
Er kommt noch in dieser Woche.	그는 금주 중에 온다.
☐ einmal in der Woche	일주일에 한번
Sie geht einmal in der Woche zum Markt.	그녀는 일주일에 한 번 시장에 간다.
☐ derselben/anderer Meinung sein	같은/다른 의견이다
Wir sind alle derselben Meinung.	우리는 모두 같은 의견이다.
☐ einen/viele usw. Fehler machen	오류를 범하다
Er hat viele Fehler gemacht.	그는 많은 오류를 범했다.
☐ eine Reise machen (= reisen)	여행하다
Er machte eine Reise nach Amerika.	그는 미국으로 여행을 했다.
☐ mit Absicht	고의로
Das habe ich nicht mit Absicht getan.	나는 그것을 고의적으로 하지는 않았다.
☐ mit etw.³ beschäftigt sein	…에 몰두하다
Er ist mit der Frage beschäftigt.	그는 그 문제에 몰두하고 있다.
☐ mit Leib und Seele	몸과 마음을 다하여
Er widmete sich mit Leib und Seele der Wissenschaft.	그는 전심을 다하여 학문에 몰두했다.
☐ mit/per Luftpost	항공 우편으로
Ich schicke den Brief mit Luftpost.	나는 이 편지를 항공우편으로 보낸다.
☐ mit jm. umgehen	…와 교제하다
Du darfst mit solchen Männern nicht umgehen.	너는 그러한 남자들과 교제해서는 안 된다.
☐ etw.⁴ mit etw. vergleichen	…을 …과 비교하다
Vergleichen wir das Deutsche mit dem Englischen!	독일어를 영어와 비교해 봅시다!
☐ mit der Zeit/nach und nach/allmählich	점차로
Der Zustand des Patienten besserte sich mit der Zeit.	환자의 병세는 점차 좋아졌다.
☐ mit etw.³ zufrieden sein	…에 만족하다
Er ist mit seinem Gehalt sehr zufrieden.	그는 자기의 봉급에 매우 만족하고 있다.
☐ nach/vor dem Essen	식사 후/전에
Nach dem Essen machten wir einen Spaziergang.	식사 후에 우리는 산보를 했다.
☐ jn. nach etw.³ fragen	…에게 …을 묻다
Er fragte mich nach meinem Namen.	그는 나에게 이름을 물었다.
Ich fragte ihn nach dem Weg zum Bahnhof.	나는 그에게 역으로 가는 길을 물었다.

□ meiner Meinung nach

나의 의견으로는

Meiner Meinung nach hat er Recht.

나의 의견으로는 그가 옳다.

□ es riecht nach etw.³

…의 냄새가 나다

Es riecht nach Blumen.

꽃 냄새가 난다.

□ Abschied nehmen/sich⁴ von jm. verabschieden

작별하다

Am Flughafen nahm er Abschied von seiner Familie.

공항에서 그는 가족과 작별을 고했다.

□ Arznei/Medikamente nehmen

약을 복용하다

Du musst regelmäßig Arznei nehmen.

너는 규칙적으로 약을 복용해야 한다.

□ Platz nehmen (= sich setzen)

자리를 잡다, 앉다

Bitte, nehmen Sie Platz!

앉으십시오!

□ ohne ~ zu

…하지 않고

Er ging, ohne ein Wort zu sagen.

그는 한 마디 말도 없이 갔다.

Sie ging vorbei, ohne mich zu grüßen.

그녀는 나에게 인사도 하지 않고 지나갔다.

□ guter Laune sein

기분이 좋다

Heute ist er (in) guter Laune.

오늘 그는 기분이 좋다.

□ los sein/werden

면하다, 벗어나다

Ich bin endlich meine Schulden los!

나는 드디어 빚을 다 갚았다.

Ich bin eine große Gefahr los.

나는 큰 위험을 면했다.

□ seit wann

언제부터

Seit wann lernst du Deutsch?

너는 언제부터 독일어를 배우느냐?

□ so ~ wie

…처럼 …하다

Er ist so groß wie ich.

그는 나와 키가 같다.

Du bist so schön wie eine Blume.

너는 꽃같이 아름답구나.

□ sowohl ~, als auch ~

…도, …도

Sowohl er als auch sein Bruder wohnen in Seoul.

그이도 그의 형도 서울에 살고 있다.

□ eine Rolle spielen

역할을 하다

Er spielte eine große Rolle.

그는 중요한 역할을 했다.

Bei ihm spielt Geld keine Rolle.

그에게 돈은 대수로운 문제가 아니다.

□ Tennis spielen

테니스를 치다

Spielen Sie Tennis?

당신은 테니스를 치십니까?

□ fließend sprechen

유창하게 말하다

Er spricht fließend Deutsch.

그는 독일어를 유창하게 말한다.

□ jm. eine Frage stellen (= fragen)

질문하다

Der Lehrer stellte mir eine Frage.

선생님이 나에게 질문을 하셨다.

□ heute in acht Tagen

다음 주의 오늘

Heute in acht Tagen fahre ich nach Deutschland ab.

다음 주 오늘 나는 독일로 떠난다.

□ sich⁴ über jn.(etw.⁴) ärgern

…에 대해 화를 내다

Ärgere dich nicht darüber!

그것에 대해 화내지 말아라!

Warum ärgerst du dich über mich?

왜 너는 내게 화를 내느냐?

□ sich⁴ über etw.⁴ freuen	(현재, 과거)의 무엇을 기뻐하다
Er freut sich über seinen Erfolg.	그는 자신의 성공을 기뻐하고 있다.
Unser Sohn freut sich sehr über Ihr Geschenk.	우리 아들은 당신의 선물을 받고 매우 기뻐하고 있습니다.
□ sich⁴ wegen etw.² schämen	…을 부끄러워하다
Er schämte sich wegen seines Verhaltens.	그는 자기의 행동을 부끄러워 했다.
□ sich⁴ über etw.⁴ wundern	…에 대하여 놀라다
Ich wunderte mich über sein Verhalten.	나는 그의 행동에 놀랐다.
Ich wundere mich darüber, dass er nicht kommt.	그가 오지 않다니 이상하다.
□ jn. um etw.⁴ bitten	…에게 …을 청하다
Er bat mich um Hilfe.	그는 나에게 도움을 청했다.
□ es handelt sich um etw.⁴	…이 문제이다
Es handelt sich um Geld.	돈이 문제이다.
Worum handelt es sich?	무엇에 관한 것이냐?
□ ums Leben kommen	생명을 잃다
Er kam bei einem Verkehrsunfall ums Leben.	그는 교통사고로 생명을 잃었다.
□ um wie viel Uhr (= um welche Zeit)	몇시에
Um wie viel Uhr gehst du zur Schule?	몇시에 너는 학교에 가느냐?
□ um diese Zeit	이 시간에, 이 무렵에
Er ist um diese Zeit meist zu Hause.	그는 이시간에는 대게 집에 있다.
□ unter uns gesagt	우리끼리 이야기지만
Unter uns gesagt, hat er nicht Recht.	우리끼리 얘기지만 그가 옳은 것이 아냐.
□ vom Fenster aus	창문에서부터
Vom Fenster aus kann man es sehen.	창문에서 그것이 보인다.
□ von Anfang bis/zu Ende	처음부터 끝까지
Der Film war von Anfang bis Ende spannend.	그 영화는 처음부터 끝까지 흥미진진했다.
□ von Haus zu Haus	집집마다
Der Verkäufer ging von Haus zu Haus.	그 판매원은 이집저집으로 다녔다.
□ sich⁴ von seiner Krankheit erholen	병에서 회복되다
Ich habe mich schon von der Grippe erholt.	나는 벌써 감기가 나았다.
□ von Natur aus/von Haus aus	원래, 천성적으로
Er ist von Natur aus schüchtern.	그는 천성적으로 수줍어 한다.
Sie ist von Natur ängstlich.	그녀는 원래 겁이 많다.
□ von Tag zu Tag (= Tag für Tag)	날마다, 매일
Die Welt entwickelt sich von Tag zu Tag.	세상은 나날이 발전한다.
□ vor allem (= vor allen Dingen)	무엇보다도
Du musst vor allem sparsam sein.	너는 무엇보다도 절약해야 한다.
Ich liebe Blumen, vor allem Rosen.	나는 꽃을 좋아하는데, 특히 장미가 좋다.
□ vorüber sein	지나가다, 끝나다
Der Winter ist vorüber.	겨울은 지나갔다.
Der Regen ist vorüber.	비는 그쳤다.

☐ **vor etw.³ Angst/Frucht haben**	**…을 무서워하다**
Er hat Angst vor dem Hund.	그는 개를 무서워한다.
☐ **vor Freude**	**기뻐서**
Sie ist vor Freude außer sich.	그녀는 기뻐서 어쩔줄 모른다.
☐ **vor kurzem (= vor kurzer Zeit)**	**조금 전에/얼마 전에**
Er war vor kurzem bei uns.	그는 조금 전에 우리집에 있었다.
☐ **weder ~, noch ~**	**…도, …도 아니다**
Ich habe weder Zeit noch Geld für die Reise.	나는 여행할 시간도 돈도 없다.
☐ **zu Boden fallen/sinken**	**땅에 쓰러지다**
Er fiel zu Boden.	그는 땅에 쓰러졌다.
☐ **zu Ende sein (= aus sein)**	**끝나다**
Der Unterricht ist noch nicht zu Ende.	수업은 아직 끝나지 않았다.
☐ **fähig sein (= können), etw.⁴ zu tun**	**…을 할 능력이 있다**
Er ist fähig, die Arbeit zu erledigen.	그는 그 일을 해낼 수 있는 능력이 있다.
☐ **jm. zu etw.³ gratulieren**	**…의 …을 축하하다**
Ich gratuliere Ihnen zur Verlobung.	당신의 약혼을 축하합니다.
Wir gratulierten ihm zum Geburtstag.	우리는 그의 생일을 축하했다.
☐ **Lust haben, etw.⁴ zu tun**	**…을 할 생각이 있다**
Hast du Lust, das zu tun?	너는 그것을 할 생각이 있느냐?
☐ **zu gleicher Zeit**	**동시에**
Wir kamen zu gleicher Zeit nach Hause.	우리는 동시에 집으로 왔다.
☐ **zu zweit**	**둘씩, 두 사람씩**
Wir arbeiten zu zweit.	우리는 두 사람씩 공부한다.
☐ **zum Arzt gehen**	**의사에게 가다**
Du musst sofort zum Arzt gehen.	너는 곧 의사에게 가야 한다.
☐ **zum Glück (= glücklicherweise)**	**다행히도**
Zum Glück war die Tür offen.	다행히도 문이 열려져 있었다.
☐ **jn. zum Mittagessen einladen**	**…를 점심식사에 초대하다**
Sie hat uns zum Mittagessen eingeladen.	그녀는 우리를 점심에 초대했다.
☐ **zur Zeit (= jetzt)**	**현재, 지금**
Ich bin zur Zeit sehr beschäftigt.	나는 지금 매우 바쁘다.
☐ **zur rechten Zeit**	**제 시간에, 꼭 맞게**
Wir kamen zur rechten Zeit zum Bahnhof.	우리는 제 시간에 역에 왔다.
☐ **zur/auf die Welt kommen**	**태어나다**
Ich bin in Seoul zur Welt gekommen.	나는 서울에서 태어났다.
☐ **zwar ~, aber/doch ~**	**…사실 …이긴 하나**
Er ist zwar alt, aber noch ganz gesund.	그는 늙었지만 아직은 아주 건강하다.
Zwar ist er klein, doch hat er große Kräfte.	그는 작기는 하지만 힘은 상당히 세다.

실전문제 1

1 다음 단어 중 밑줄 친 부분의 발음이 구별되는 것은?

① aus<u>t</u>ragen   ② <u>t</u>reten   ③ begeis<u>t</u>ern   ④ Sta<u>t</u>ion   ⑤ Ra<u>d</u>

2 다음 단어 중 밑줄 친 부분의 발음이 구별되는 것은?

① entt<u>äu</u>schen   ② betr<u>eu</u>en   ③ h<u>eu</u>te   ④ T<u>oi</u>lette   ⑤ <u>eu</u>er

A 다음 빈 칸을 채우시오. (3~8)

3 D_____ Eltern hatten d_____ Kind auf der Straße gesehen.

① ie, as   ② ie, es   ③ as, en   ④ es, en   ⑤ er, em

4 Er gibt d_____ Frau_____ (복수) d_____ Bücher.

① ie, en, as   ② ie, em, ie   ③ er, en, es   ④ en, en, ie   ⑤ em, es, en

5 다음 빈 칸에 알맞은 단어는?

> Sofie   : _____ willst du die Schallplatte schenken?
>
> Willie : Martha. Sie wünscht sie sich schon lange.

① Wem   ② Was   ③ Wen   ④ Wer   ⑤ Wessen

6 다음 단어들이 공통적으로 속하는 곳은?

> Sonnenbrille, Badeanzug, Sandalen, Handtuch

① in den Bergen   ② an der Uni   ③ im Wald

④ im Schwimmbad   ⑤ in der Raumstation

7 Frau Schmidt, kommen ———— mit?

① Sie ② ihr ③ sie ④ Ihnen ⑤ euch

8 Du, gefällt ———— meine Bluse?

① dich ② dir ③ deine ④ deiner ⑤ du

B 다음 중 알맞은 단어의 문법적 어형을 괄호에 채우시오. (9~10)

보기	treiben	dürfen	ausdrücken	aufräumen
	trinken	sollen	können	essen

9 Man ———— einmal pro Jahr die Garage ————.

10 Ernst ist zwölf Jahre alt. Er ———— noch kein Alkohol ————.

C 다음 중 알맞은 단어로 괄호를 채우시오. (11~17)

11 Welche Sprache ———— du?

① sprichst ② sagst ③ lernt ④ isst ⑤ lest

12 Sofie will Ärztin werden. Sie studiert ————.

① Linguistik ② Medizin ③ Französisch ④ Literatur ⑤ Jura

13 Wo kann man Bücher ausleihen?

① Im Büro ② In der Buchhandlung ③ Im Geschäft
④ In der Bibliothek ⑤ In der Konditorei

14 Norbert steht immer zu spät auf. Er braucht _____ .

① einen Hund   ② ein Glas Wasser   ③ einen Wecker

④ ein Bett   ⑤ Feuer

15 Wenn ich Hunger habe, gehe ich _____ .

① in die Stadt   ② ins Kino   ③ in den Wald

④ in die Klasse   ⑤ ins Restaurant

16 Wenn ich müde bin, gehe ich _____ .

① in die Klasse   ② in den Wald   ③ ins Bett

④ in eine Kneipe   ⑤ ins Museum

17

> A : Woher kommst du?
>
> B : Ich komme _____ Korea.

① aus   ② auf   ③ außer   ④ von   ⑤ nach

D 다음 지문을 읽고 물음에 답하시오. (18~20)

Familie Schroeter

Anja wohnt mit ihrer Mutter Ursula, ihrem Vater Hermann, ihrer älteren Schwester Martina und dem Hund Cora in einem Haus mit großem Garten. Anja geht aufs Gymnasium: „Meine Lieblingsfächer sind Biologie, Mathematik und natürlich Sport." Auch in ihrer Freizeit ist sie sportlich aktiv: Sie reitet - auf ihrem eigenen Pferd -, sie fährt gerne Fahrrad und macht Taekwondo. Mit ihren Eltern versteht sie sich 'eigentlich ganz gut'. Anja findet es toll, dass Ursula und Hermann so tolerant sind.

Sie darf in Discos, Freunde besuchen und im nächsten Jahr (wahrscheinlich) auch allein in den Urlaub fahren.

„Der Vater meiner Freundin ist viel strenger."

Doch es gibt auch Probleme. „Anja ist nicht so ordentlich", ärgert sich ihre Mutter. Vater Hermann kann das nur bestätigen.

Anja hat auch einen Wunsch. Sie möchte gern mehr Ausflüge mit der Familie machen, mal an den Ozean fahren oder gemeinsam spazieren gehen. „Wir unternehmen zu wenig." Da muss Hermann lachen, „Du gehst doch sowieso nicht mit uns." Und Ursula meint: „Wir arbeiten beide. Darum sind wir froh, wenn wir am Wochenende zu Hause bleiben können. Es gibt immer was zu tun, zum Beispiel im Garten."

Und was ist Anjas größtes Problem mit den Eltern? „Die beiden rauchen zu viel." Dazu sagen Herman und Ursula nicht mehr.

18 아래 그림은 가계도입니다. 가족 구성원의 이름을 완성하시오.

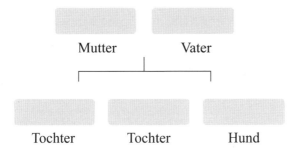

19 Wählen Sie die richtigen Aussagen!

① Anja hat nur eine Schwester.　　　② In ihrer Freizeit liest Anja gern über Sport.

③ Herr und Frau Schroeter sind autoritäre Eltern.　　④ Anja ist sehr ordentlich.

⑤ Anja raucht zuviel.

20 다음 지문의 내용에 맞게 빈 칸에 알맞은 단어를 넣으시오.

Das Haus von Anjas Familie steht wahrscheinlich nicht im Zentrum der Stadt, weil es einen großen _____ hat. Anja ist Schülerin. Sie geht aufs _____ . In ihrer Freizeit reitet sie, fährt Fahrrad und macht Taekwondo. Sie ist _____ . Anja findet ihre Eltern sehr _____ . Aber ihre Eltern sagen auch, dass Anja nicht sehr _____ ist. Anja möchte gerne mit ihrer Familie mehr _____ machen. Aber ihre Eltern arbeiten beide, und am _____ möchten sie lieber zu Hause bleiben.

Die Amerikanerin Jane Swift

Die Amerikanerin Jane Swift studiert seit einem Jahr in Berlin. Es ist Sommeranfang und sie braucht ein Sommerkleid, weil es in Berlin schon seit zwei Wochen sehr heiß ist. Vor einer Woche ist Jane am Samstagnachmittag mit der U-Bahn in das Stadtzentrum gefahren, weil es dort viele Geschäfte gibt. Aber sie hat vergessen, dass die Geschäfte in der Bundesrepublik samstags nur bis 14 Uhr geöffnet sind. Ihre deutsche Studienkollegin Beate Albert hat ihr am nächsten Tag noch einmal das Ladenschlussgesetz erklärt. Heute ist Freitag, und Jane fährt wieder ins Stadtzentrum von Berlin, um sich ein Sommerkleid zu kaufen. Es ist 14 Uhr, und sie weiß nun, dass die Geschäfte freitags bis 18 Uhr geöffnet sind. Sie geht in ein Kaufhaus und findet ein Kleid, das ihr gut gefällt. Sie kauft es und findet auch noch eine Hose, die ihr gefällt, und die sie auch kauft.

Danach bummelt Jane durch das Stadtzentrum und geht in ein Restaurant. Dort isst sie ein Abendessen, das ihr sehr gut schmeckt. Danach fährt sie mit der U-Bahn nach Hause und geht sofort ins Bett, weil sie sehr müde ist.

21 위의 지문에 근거하여 다음 문장 중 옳은 것을 고르시오.

① Jane Swift studiert seit zwei Wochen in Berlin.

② Der Sommer hat in Berlin begonnen, und es ist sehr heiß.

③ Jane geht einkaufen, weil sie eine Hose für den Sommer braucht.

④ Vor einer Woche ist Beate ins Stadtzentrum von Berlin gefahren.

⑤ Samstags sind die Geschäfte in der Bundesrepublik bis 18 Uhr geöffnet.

22 Am Freitag fährt Jane wieder in das _____ .

23 Im Stadtzentrum von Berlin gibt es viele _____ .

① Geschäfte   ② Turnhallen   ③ Universitäten

④ Kinos   ⑤ Hunde

24 Nach dem Einkaufen _____ .

① kauft sie zwei Kleider, geht bummeln und isst ein Eis.

② besucht Jane ihre Freundin Beate Albert.

③ isst Jane ihr Abendessen zu Hause, weil sie sehr müde ist.

④ geht sie ins Kino.

⑤ geht sie in ein Restaurant.

25 다음 글을 읽고 내용이 일치하는 것을 고르시오.

> A : Haben Sie Durst?
> B : Nein, ich habe keinen Durst.
>   Ich habe nur Hunger.
> A : Dann essen Sie doch ein Steak!
> B : Danke, aber ich nehme lieber eine Wurst.

① A는 배가 고프다.

② B는 목마르다.

③ A는 쥬스를 마신다.

④ B는 쏘세지를 먹고 싶어한다.

⑤ A는 스테이크를 먹는다.

26 다음 지문의 빈 칸을 채우시오.

> Petra hat heute Abend eine Verabredung. Sie sagt, „bevor ich ausgehe, schminke ich
> _____ . Maria, hast du meinen Lippenstift gesehen? Du hast doch _____ die Lippen
> angemalt, oder?" Ach, ich weiß nicht, warum sie sich immer bei mir erkundigt, wenn sie
> ihre Dinge nicht findet.

① dich, mir   ② mich, dir   ③ mir, dich   ④ dir, mich   ⑤ mir, dir

F 빈 칸에 알맞은 단어를 고르시오. (27-30)

27 In Deutschland und Österreich gibt es kleine _____ . Achtung!
Fast alle _____ sind mittags und am Wochenende geschlossen.

① Bahnhöfe   ② Flughafen   ③ Geschäfte

④ Haltestellen   ⑤ Jugendherbergen

28 Wir hoffen, dass Sie keine _____ brauchen, wenn Sie reisen. Aber wenn
Sie zuviel essen und trinken-oder krank sind, dann bekommen Sie dort
Medikamente.

① Flughafen   ② Krankenpflegerin   ③ Informationen

④ Medikamente   ⑤ Konditorei

29 Wer gern Kuchen oder Eis isst, liebt die _____. Dort trifft man Freunde,
sitzt gemütlich, liest die Zeitung und trinkt Kaffee. Und weil der Kuchen so
gut schmeckt, nimmt man zu ...

① Metzgerei   ② Campingplätze   ③ Konditorei

④ Reisebüros   ⑤ Post

30 Wissen Sie, dass in Deutschland oft auch kleine Städte einen _____
haben? Und dass dort täglich viele Züge ankommen und abfahren?

① Bahnhof   ② Flughafen   ③ Haltestelle

④ Mitfahrzentrum   ⑤ Buchladen

실전문제 1

해답

1. ④ 2. ④ 3. ① 4. ④ 5. ① 6. ④ 7. ① 8. ② 9. soll, aufräumen 10. darf, trinken 11. ① 12. ②
13. ④ 14. ③ 15. ⑤ 16. ③ 17. ① 18. Ursula(Mutter), Hermann(Vater), Martina(Tochter), Anja(Tochter),
Cora(Hund) 19. ① 20. Garten, Gymnasium, sportlich, tolerant, ordentlich, Ausflüge, Wochenende 21. ②
22. Stadtzentrum 23. ① 24. ⑤ 25. ④ 26. ② 27. ③ 28. ④ 29. ③ 30. ①

해석

「18~20」

쉬뢰터씨 가족

안나는 어머니 우르줄라, 아버지 헤르만, 언니 마르티나, 개 코라와 함께 큰 정원이 있는 집에서 산다. 안나는 인문계 고등학교에 다닌다."내가 좋아하는 과목은 생물, 수학, 그리고 당연히 체육이지요."안나는 여가시간에도 활동적이다 : 그녀는 -자기의 말을- 타고, 자전거를 즐기며, 태권도를 한다. 그녀는 그녀의 부모님에 대해서"정말로 매우 좋다"고 생각한다. 안나는 우르줄라와 헤르만이 인내심이 많아 매우 좋다고 생각한다. 안나는 디스코장에 가도 되고, 친구를 만나도 되며, 내년에는 (아마도) 혼자서 휴가를 떠나도 될 것이다."내 친구의 아버지는 매우 더 엄격하시지요."그러나 문제도 또한 있다."안나는 정리정돈을 썩 잘하는 편이 아니지요."그의 어머니는 화를 내신다. 아버지도 그 점을 인정하신다. 안나는 소망이 하나 있다. 그녀는 가족과 함께 바다에 간다든지, 함께 산책을 하는 짧은 여행을 가고 싶어한다."우리는 여행을 너무 적게 해요."이 점에 대해서 헤르만은 웃는다."그렇지만 너는 우리와 함께 가지 않잖아."그리고 우르줄라는 이야기한다 : "우리는 둘 다 일을 하잖아. 그래서 주말에 집에 있고 싶은 거야. 언제나 할 것이 있잖니. 예를 들어서 정원 일 같은 거 말이야."
그리고 안나가 생각하는 부모님의 가장 큰 문제점은 무엇인가?"두 분 다 담배를 너무 많이 피우세요."이 점에 대해서 헤르만과 우르줄라는 더 이상 말하지 않는다.

「20」

안나 가족의 집은 아마도 시내의 중심에 있지 않을 것이다. 왜냐하면 큰 정원이 있기 때문이다. 안나는 학생이다. 그녀는 인문계 고등학교에 다닌다. 여가시간에 그녀는 말을 타거나, 자전거를 타거나 태권도를 한다. 그녀는 활동적이다. 안나는 그녀의 부모님들이 인내심이 많다고 생각한다. 그러나 그녀의 부모님은 또한 안나가 그다지 단정하지 않다고 이야기하신다. 안나는 가족과 함께 더 많이 소풍을 가고 싶어한다. 그러나 그녀의 부모님은 두 분 다 일을 하시고, 그들은 주말에 집에 있는 것을 더 좋아하신다.

「21~24」

미국인 제인 스위프트

미국인 여자 제인 스위프트는 일 년 전부터 베를린에서 공부하고 있다. 베를린은 여름이 시작되는 때이며, 그녀는 여름옷이 필요하다. 왜냐하면 베를린은 이주일 전부터 매우 덥기 때문이다. 일주일 전에 제인은 토요일 오후에 지하철을 타고 시내에 갔다. 거기에는 많은 상점이 있다. 그러나 그녀는 독일의 상점들이 토요일에는 14시까지만 연다는 사실을 잊어버렸다. 그녀의 독일인 친구 베아테 알베르트는 그녀에게 다음 날 한 번 더 상점의 문닫는 시간에 대한 규칙을 설명해 주었다. 오늘은 금요일이고, 제인은 여름옷을 사기 위해 다시 베를린 시내에 간다. 14시이고, 이제 그녀는 금요일에 상점은 18시까지 연다는 것을 알고 있다. 그녀는 백화점에 가서 그녀 마음에 드는 옷을 찾았다. 그녀는 그것을 사고, 마음에 드는 바지를 찾아서 그것도 산다. 그리고 나서 제인은 시내 중심가를 배회하다가 식당에 간다. 거기서 그녀는 그녀의 입맛에 맞는 저녁식사를 한다. 그리고 나서 그녀는 지하철을 타고 집으로 와서 매우 피곤했기 때문에 곧바로 잠자리에 든다.

「26」

페트라는 오늘 저녁에 약속이 있다. 그녀는"나는 외출하기 전에, 화장을 해야 해. 마리아, 너 내 립스틱을 봤니? 네가 립스틱을 칠했었지? 아니니?"라고 말한다. 아, 나는 왜 그녀가 자기 물건을 못 찾을 때마다 항상 나에게 물어보는지 모르겠다.

실전문제 2

1. 다음 단어 중 밑줄 친 모음의 발음의 장단이 다른 단어와 구분되는 것은?

   ① B<u>a</u>hn   ② k<u>a</u>nn   ③ sch<u>a</u>ffe   ④ w<u>e</u>nn   ⑤ st<u>e</u>llen

2. 다음 단어 중 밑줄 친 부분의 발음이 구별되는 것은?

   ① <u>S</u>prache   ② <u>S</u>tation   ③ <u>Sk</u>irt   ④ auf<u>st</u>ehen   ⑤ <u>S</u>port

A 다음 중 빈 칸에 알맞은 것은? (3~8)

3. Wie heißt d_____ Lehrer d _____ Jung _____ (단수)?

   ① ie, er, en   ② er, es, es   ③ as, er, en   ④ er, es, en   ⑤ es, es, es

4. Wie heißen d_____ Kinder d_____ Frau?

   ① er, er   ② ie, er   ③ er, es   ④ ie, em   ⑤ er, en

5. Im Klassenzimmer hängt ein ___ groß ___ Landkarte von Deutschland.

   ① e, en   ② en, e   ③ e, e   ④ er, e   ⑤ es, en

6. Berlin ist meine Heimatstadt. Ich komme___ der größten Stadt in Deutschland.

   ① von   ② mit   ③ nach   ④ aus   ⑤ in

7. Er hat mit seinem Vater telefoniert; der Vati hat ihn abgeholt, weil Jürgen immer noch _____ den Eltern wohnt.

   ① von   ② in   ③ bei   ④ aus   ⑤ an

8. _____ musst du noch lernen? - Nur noch ein paar Minuten.

   ① Wie lange   ② Wen   ③ Wenn   ④ Wann   ⑤ Was

B 다음 지문을 읽고 문장을 완성하시오. 모든 화법조동사(sollen, müssen, dürfen, können, wollen)를 적어도 한번은 사용해야 합니다. (9~13)

> Herr Ruf ist beim Arzt. Der Arzt meint, dass er ungesund lebt. Herr Ruf ist ziemlich dick und raucht 30 Zigaretten pro Tag. Er treibt nicht gern Sport, sondern sitzt gern in seinem Sessel vor dem Fernseher und trinkt Bier.

9 Herr Ruf, Sie _____ Diät machen!

10 Herr Doktor, _____ ich vielleicht 10 Zigaretten am Tag rauchen?

11 Nein, Herr Ruf, Sie _____ Vitamintabletten nehmen.

12 Herr Doktor, _____ ich jeden Tag joggen?

13 Nein, das _____ Sie nicht. Es geht nicht. Sie sind immer noch viel zu dick. Gehen Sie zuerst mal spazieren.

C 빈 칸에 알맞은 답을 고르시오. (14~16)

14 Wenn Jürgen nach Seoul kommt, fliegt er _____.

① mit dem Auto　　　② mit dem Bus　　　③ mit dem Flugzeug
④ mit dem Zug　　　⑤ mit dem Fahrrad

15 Wenn du krank bist, sollst du natürlich _____.

① zelten　　　② zu Hause bleiben　　　③ Fussball spielen
④ wandern gehen　　　⑤ Ski fahren

16 Die Leute wurden sehr laut und haben sich gestritten. Jemand hat Bertha auf die Nase geschlagen (und sie hat nichts dabei gesagt!) Sie musste _____.

① ins Krankenhaus   ② zur Post   ③ zur Behörde

④ zur Schule   ⑤ zum Theater

D 아래 글을 읽고 물음에 답하시오. (17)

디트리히와 사비네는 유럽을 여행 중이다. 사비네는 친구 타마라에게 편지를 쓴다.

Ein Brief aus Wien

Liebe Tamara,

wir sind schon seit einer Woche in Europa. Montag in Paris, Mittwoch in Amsterdam und heute, also Donnerstag, in Wien. Wir sind hier gestern Abend mit dem Zug angekommen und haben schon viel besichtigt. Wir übernachten in einer kleinen Pension nicht weit vom Bahnhof. Aus unserem Fenster können wir den Stephansdom sehen. Gestern haben wir einen kleinen Spaziergang durch die Innenstadt gemacht und die Sezession besucht. Dort haben wir viele schöne Gemälde von Klimt und Schiele gesehen.

Danach haben wir das Schloss Belvedere und seinen schönen Garten gesehen. Heute Abend sind wir bei unserer Freundin Anna zum Abendessen eingeladen. Sie hat uns auch Opernkarten angeboten, aber leider können wir die nicht benutzen, weil unser Zug morgen früh um sechs Uhr abfährt und wir früh ins Bett gehen müssen.

Am Abend kommen wir in Budapest an. Das soll eine sehr schöne Stadt sein.

Machs gut!

Bis bald,

Deine Sabine

17 위 지문의 내용과 일치하는 사항들을 고르시오.

① Sabine und Dietrich haben die Niederlande besucht.

② Sie bleiben in einem teuren Hotel.

③ Sie haben vier Tage in Wien verbracht.

④ Sie essen heute Abend in einem Restaurant.

⑤ Leider können sie nicht in die Oper gehen.

18 다음 지문의 내용과 일치하는 사항을 모두 고르시오.

Markus sucht eine Wohnung

Markus sucht eine Wohnung oder ein Zimmer in Marburg. Er will eigentlich in Göttingen studieren, aber er hat dort keinen Studienplatz bekommen. Er wird hier in Marburg Psychologie studieren. Das Wintersemester beginnt erst Anfang November, aber er muss jetzt im Juli schon eine Wohnung suchen. Von Freunden weiß er, dass es nicht genug Wohnungen für alle Studenten gibt.

Es ist 7 Uhr morgens, und Markus hat schon eine Zeitung gekauft und die Anzeigen gelesen. Um 8 Uhr kommt sein Freund Thomas. Thomas ist schon ein Jahr in Marburg und studiert hier Germanistik und Geschichte. Er hilft Markus bei der Wohnungssuche, weil er die Stadt und viele Leute kennt.

Thomas : Es ist gut, dass wir früh anfangen. Später sind die guten Wohnungen alle weg.
  Ah, hier ist die Zeitung. Hast du etwas Interessantes entdeckt?

Markus : Ja, ein paar Anzeigen sehen ganz gut aus. Ich möchte die Leute bald anrufen.
  Kannst du mitkommen, wenn ich die Wohnungen anschaue?

Thomas : Klar! Ich kann dich dann mit dem Auto dahin bringen.

Markus : Mensch, Klasse! Also, gehen wir erst zusammen zur Uni.
  Ich möchte noch das schwarze Brett in der Mensa anschauen.

Thomas : Ja, das sollst du machen. Du, hast du schon einen Kaffee getrunken?

Markus : Nein, und ich habe auch noch nichts gegessen. Hast du auch Hunger?

Thomas : Ja, schon.

Markus : Dann lade ich dich zum Frühstück ein. Kennst du ein Café, vielleicht in der
  Nähe der Uni?

Thomas : Klar! Also, gehen wir!

① Markus sucht eine Wohnung in Göttingen.

② Thomas ist auch neuer Student an der Uni.

③ Es gibt nicht genug Wohnungen für alle Studenten.

④ Thomas kann nicht mitkommen, weil er in der Mensa arbeitet.

⑤ Markus hat noch nicht gefrühstückt.

19 다음 지문을 읽고 물음에 답하시오.

Im Reisezentrum am Bahnhof

Herr Richter : Bitte, wo steht der Zug nach Köln? Der Inter-City?

Die Frau an der Auskunft :

                Nach Köln? Heute fährt kein Inter-City nach Köln!

Herr Richter : Das ist nicht möglich! Hier ist der Fahrplan. Da, lesen Sie bitte:

                „IC nach Köln, Abfahrt Nürnberg 18 Uhr."

Frau   : Es tut mir leid. Aber der Zug fährt sonntags nicht. Nur wochentags. Sehen Sie

                das Zeichen hier? Das bedeutet nur wochentags.

Herr Richter : Ach, du lieber Gott! Was mache ich jetzt?

Frau   : Fliegen Sie doch! Aber das ist natürlich teuer.

Herr Richter : Wie viel kostet es?

Frau   : Einhundertundzehn Euro.

Herr Richter : Glauben Sie, ich bekomme noch einen Platz?

Frau   : Vielleicht! Warten Sie bitte! (Sie telefoniert mit Lufthansa.) Ja, Lufthansa

                Flugnummer zweihundertneunzehn hat noch Plätze. Nehmen Sie ein Taxi.

                Der Flughafen ist ziemlich weit von hier.

Herr Richter : Danke sehr! Auf Wiedersehen.

Frau :   Auf Wiedersehen. Und gute Reise!

               ≫ *Inter-City* : 도시간을 연결하는 특급열차, *Lufthansa* : 독일의 국영 항공회사

Warum möchte Herr Richter ein Flugzeug nehmen?

① Weil er müde ist.

② Weil der Inter-City Zug nach Köln sonntags nicht fährt.

③ Weil die Reise mit dem Zug sehr gefährlich ist.

④ Weil er zu spät am Bahnhof angekommen ist.

⑤ Weil er den Zug nach Köln verpasst hat.

20 다음 지문을 읽고 내용과 일치하는 문장을 모두 고르시오.

Gabis Tag

Gabi ist nicht sehr gut im Rechnen. Ihre Lehrerin sagt: „Du musst fleißiger arbeiten. Sonst wirst du sitzen bleiben. Sprich mit deinen Eltern! Sie werden dir sicher helfen." Gabi möchte das aber nicht. Ihre Mutter ist Verkäuferin in einem Kaufhaus und kommt nie vor neunzehn Uhr nach Haus. Ihr Vater ist arbeitslos. Er sitzt den ganzen Tag vor dem Fernseher. Die Hausarbeit muss Gabi machen. Ihre Geschwister, Hans und Claudia, sind noch zu klein. Gabi muss also waschen, kochen und auch putzen. Danach ist sie müde und kann ihre Hausaufgaben nicht mehr machen.

① Gabi lernt immer fleißig.

② Gabis Mutter hat ihre Stelle im Kaufhaus verloren.

③ Bei der Hausarbeit sind Hans und Claudia schon hilfsbereit.

④ Gabi kann die Hausaufgaben nicht machen, weil sie zu müde ist.

⑤ Gabis Schwester Claudia ist schon verheiratet.

21 다음 중 틀린 문장을 고르시오.

① Sie ist stolz auf ihren Mann.

② Er ist auf Geld gierig.

③ Ich bin mit meiner Arbeit zufrieden.

④ Das Bild hängt an der Wand.

⑤ Der Professor beschäftigt sich mit dem neuen Buch.

E 알맞은 표현을 고르시오. (22~25)

22 Hans studiert _____ einem Jahr in München.

① an   ② auf   ③ um   ④ seit   ⑤ mit

23 Als er _____ Mittag gegessen hat, ist er gerade gekommen.

① zu   ② auf   ③ am   ④ außer   ⑤ während

24 Ich habe auch einen _____ . Er steht im Wohnzimmer. Manchmal sehe ich gern mit meiner Frau fern. Das ist interessant.

① Koffer   ② Jungen   ③ Spülmaschine   ④ Fernseher   ⑤ Uhr

25 Denk bitte _____ mich!

① gegen   ② für   ③ bis   ④ über   ⑤ an

F   다음 대화가 일어날 수 있는 곳을 보기에서 고르시오. (26~30)

보기		
① auf der Post	② im Hotel	③ an der Kinokasse
④ in der Bäckerei	⑤ auf der Bank	⑥ in der Gaststätte
⑦ an der Tankstelle	⑧ auf dem Bahnhof	⑨ im Schwimmbad

26 _____

A : Hallo! Zahlen, bitte!

B : Bitte sehr. Alles zusammen oder getrennt?

27 _____

A : Guten Tag! Haben Sie frisches Brötchen?

B : Ja, natürlich!

28 _____

A : Gestern habe ich ein Zimmer reserviert.

B : Wie ist Ihr Nachname?

29 _____

A : Wann fährt der nächste Zug nach Freiburg?

B : Um 13.30.

30 _____

A : Ich möchte dieses Paket nach Amerika schicken.

B : Das muss man wiegen.

실전문제 2

해답

1. ① 2. ③ 3. ④ 4. ② 5. ③ 6. ④ 7. ③ 8. ① 9. müssen 10. darf / kann 11. sollen 12. muss 13. müssen
14. ③ 15. ② 16. ① 17. ①⑤ 18. ③⑤ 19. ② 20. ④ 21. ② 22. ④ 23. ① 24. ④ 25. ⑤ 26. ⑥ 27. ④
28. ② 29. ⑧ 30. ①

해석

「9~13」

루프 씨는 병원에 있다. 의사는 그가 건강하지 못하게 산다고 말한다. 루프 씨는 상당히 뚱뚱하고, 하루에 30개피의 담배를 피운다. 그는 운동을 그다지 좋아하지 않으며, 텔레비전 앞에 있는 안락의자에 앉아 맥주 마시는 것을 좋아한다.

「17」

빈에서 온 편지

타마라에게

우리는 일주일 전부터 유럽에 있어. 월요일에는 파리, 수요일에는 암스테르담, 그리고 오늘, 목요일에는 빈에서 체류하고 있지. 우리는 여기에 어제 저녁 기차를 타고 도착해서, 벌써 많이 구경을 했어. 우리는 역에서 멀지 않은 작은 여관에서 밤을 보내. 창 밖으로 스테판 성당을 볼 수 있단다. 어제는 시내에서 산책을 했고, 분리파를 방문했지. 거기에서 우리는 클림트와 쉴레의 아름다운 그림들을 감상했단다.

그리고나서 우리는 벨베데레 성과 아름다운 정원을 보았어. 오늘 저녁에 우리는 친구 안나의 집에 저녁식사 초대를 받았지. 안나는 우리에게 오페라 관람권도 줬는데, 유감스럽게도 그것을 이용할 수가 없어. 내일 아침 여섯시에 기차가 떠나서 일찍 자야하거든. 저녁에 부다페스트에 도착해. 매우 아름다운 도시라고 들 해.

잘 지내! 또 연락할게. 사비네가.

「18」

마르쿠스가 집을 구한다.

마르쿠스는 마부륵에서 집이나 방을 구한다. 그는 원래 괴팅엔에서 공부하려고 했지만, 거기에서는 공부할 자리를 얻지 못했다. 그는 여기 마부륵에서 심리학을 공부하게 될 것이다. 겨울학기는 11월 초에나 시작하지만, 그는 지금 7월에 벌써 방을 구하고 있다. 친구에게서 대학생들을 위한 방이 충분하지 않다는 것을 알았기 때문이다.

아침 일곱시에 마르쿠스는 벌써 신문을 사서 광고를 읽는다. 여덟시에 친구 토마스가 온다. 토마스는 일년 동안 마부륵에 있었고, 여기에서 독어독문학과 역사를 공부한다. 그는 마르쿠스가 집을 찾는 것을 도와주는데, 왜냐하면 그는 이 도시와 많은 사람들을 잘 알고 있기 때문이다.

토마스 : 우리가 일찍 시작해서 좋구나. 조금 후면 좋은 집은 다 나갈꺼야. 아, 여기 신문이 있네. 너 뭐 흥미로운 것을 발견했니?
마르쿠스 : 응, 몇몇 광고는 좋아 보이더라구. 나는 이 사람들에게 바로 전화해보고 싶어. 너, 내가 집을 보러가면 같이 가줄래?
토마스 : 물론이지! 집 보러 갈 때 자동차로 거기까지 데려다 줄 수 있어.

마르쿠스 : 우와, 최고다! 자, 우리 먼저 같이 대학교에 가자. 나는 대학식당에서 게시판을 보고 싶어.
토마스 : 그래, 그렇게 해야지. 너, 커피 마셨니?
마르쿠스 : 아니, 아직 아무 것도 먹지 않았어. 너도 배고프니?
토마스 : 응.
마르쿠스 : 그러면 내가 아침식사를 낼께. 너, 대학 근처에 있는 카페를 아니?
토마스 : 물론이지! 자, 가자!

「19」

역에 있는 여행 안내소에서

리히터 : 저, 쾰른으로 가는 기차가 어디에 서있죠? 그 기차는 인터시티인데요.
여직원 : 쾰른으로 가신다구요? 오늘 쾰른으로 가는 인터시티는 없는데요.
리히터 : 그럴 리가 없어요. 여기 열차시간표를 보세요. 여기, 읽어 보세요 : "쾰른행 인터시티, 뉘른베르크에서 18시에 출발"
여직원 : 유감이군요. 하지만 그 기차는 일요일에는 운행하지 않아요. 평일에만 하지요. 여기 이 부호가 보이죠? 이것이 평일에만 운행한다는 의미예요.
리히터 : 아, 이런! 이제 어떻게 하죠?
여직원 : 비행기를 타고 가세요! 물론 그것은 더 비싸긴 하지요.
리히터 : 얼마나 하죠?
여직원 : 110 유로입니다.
리히터 : 아직 자리가 있을거라고 생각하시나요?
여직원 : 아마도요. 기다려 보세요. (여직원이 루프트한자와 통화를 한다) 예, 루프트한자 219호가 아직 자리가 있어요. 택시를 타세요. 공항은 꽤 멀거든요.
리히터 : 고맙습니다. 안녕히 계세요.
여직원 : 안녕히 가세요. 그리고 여행 잘 하세요.

「20」

가비의 하루

가비는 산수를 그다지 잘 하지 못한다. 그녀의 여선생님은 이야기한다. "너는 더 열심히 공부해야 해. 그렇지 않으면 유급을 당할 거야. 부모님하고 이야기를 해 봐. 분명히 너를 도와주실 거야." 그렇지만 가비는 그렇게 하고 싶지 않다. 그녀의 어머니는 백화점 판매원이고 저녁 7시 이전에 집에 온 적이 없다. 그녀의 아버지는 실업자이다. 그는 하루 종일 텔레비전 앞에 앉아 있다. 집안 일은 가비가 해야만 한다. 그의 형제자매인 한스와 클라우디아는 아직 너무 어리다. 그래서 가비가 빨래하고, 요리하고 청소도 해야 한다. 그러고 나면 가비는 피곤해서 더 이상 숙제를 할 수가 없다.

저자소개

한기상
現 : 서울대학교 사범대학 독어교육과 명예교수
前 : 한국 독어독문학교육학회 학회장
　　서울대학교 사범대학 독어교육과 졸업
　　독일 기센대학 문학박사 학위

성상환
現 : 서울대학교 사범대학 독어교육과 교수
前 : 서울대학교 중앙다문화교육센터 소장
　　독일 본 대학 초청 학술진흥재단 파견교수
　　서울대학교 사범대학 독어교육과 졸업
　　미국 버클리대학 독어학박사 학위

천미애
現 : 서울대학교 사범대학 독어교육과 강사
　　독일문화원 강사
前 : 독일 하이델베르크대학 독어독문과 졸업
　　독일 하이델베르크대학 독어학박사 학위

최근 개편된 새로운 정서법에 의한

neues

실전문제수록

프리마
독일어1

저자 한기상 · 성상환 · 천미애
1판 1쇄 2021년 7월 26일　　발행인 김인숙　　발행처 (주)동인랑
Editorial Director 김인숙　　Designer 최미정
Cover Design 김미선　　Printing 삼덕정판사

139-240
서울시 노원구 공릉동 653-5

대표전화 02-967-0700
팩시밀리 02-967-1555
출판등록 제 6-0406호
ISBN 978-89-7582-598-9

인터넷의 세계로 오세요!

www.donginrang.co.kr　webmaster@donginrang.co.kr

동인랑 에서는 참신한 외국어 원고를 모집합니다.